en
attendant waiting
for
GODOT

Works by Samuel Beckett published by Grove Press

samuel BECKETT

en attendant waiting for GODOT

tragicomedy in 2 acts
a bilingual edition
translated from the original
french text by the author

Grove Press
New York

Designed by Roger Shepherd

Printed in the United States of America
Library of Congress Catalog Card Number: 54-6803
ISBN-10: 0-8021-1821-6
ISBN-13: 978-0-8021-1821-9

Grove Press
an imprint of Grove/Atlantic, Inc.
841 Broadway
New York, NY 10003

DISTRIBUTED BY PUBLISHERS GROUP WEST
WWW.GROVEATLANTIC.COM

06 07 08 09 10   10 9 8 7 6 5 4 3 2 1

The Plurality of Godot: An Introduction

S. E. GONTARSKI

Waiting for Godot has been a plural, bicultural, international work from its inception. The play was written in French in 1948 as *En attendant Godot*, between the novels *Malone meurt* (1948, *Malone Dies*, 1956) and *L'Innommable* (1950, *The Unnamable*, 1958), by an Irishman imbued with the biculturalism of his native Ireland and the internationalism of his adopted France. For critics like Eoin O'Brien, however, the French play is "unmistakedly Irish" in mannerisms, speech, and landscape. In the midst of his tirade, for example, the slave called Lucky refers to the women's version of the Irish game of hurling, "camogie," among "the practice of sports." His overlord, Pozzo, evidently buys his pipes from the fine Dublin pipe shop of O'Connell and Grafton Streets, Kapp and Peterson, Ltd. And Vladimir and Estragon let slip some overt Hibernicisms like "ballocksed" and "run amuck," according to O'Brien. But such language may finally be as Anglo as Hibernian. And the territory that Vladimir and Estragon (hardly Irish monikers) seem to have recently traversed is the "Vaucluse" ("the Mâcon country" in English), even as Estragon insists that he has always and only lived "dans la Merdecluse" (or in "the Cackon country," in Beckett's translation). Lucky's "quaquaquaqua" punctuates his tirade in both languages with another echo of Gallic scatology, "caca." The complementary couple dreams of wandering through the Pyrenees, moreover. Before they became so disreputable, they might have jumped, "Hand in hand from the top of the Eiffel Tower." In their current state they would be denied entrance. The bond between the couple was strengthened when during a "vendange," the grape harvest, Estragon threw himself into the Rhône River, and Vladimir fished him out. Vladimir seems unable to recall the name of the farmer from whom they bartered wine for work, but he is identified specifically in the French text as the vintner Bonnelly, from whom Beckett himself bartered for potatoes and wine during the writer's war-time exile in the village of Roussillon, or Roussillon d'Apt, the less famous of the Roussillons in the Vaucluse *département*. (The family winery still operates, producing a serviceable if undistinguished *Côtes du Ventoux*: "A Bonnelly Propriétaire-récoltant—Bâtiments neufs—Roussillon Vaucluse.") Viewed in its full multiplicity, the "unmistakedly Irish" play becomes at least as unmistakedly French, its Gallic references as prominent as its Hibernian. The publication of a bilingual edition of Samuel Beckett's most celebrated play thus underscores this cultural and linguistic plurality and is a cause for celebration. One might in fact justly wonder why it has been so long coming.

Beckett claimed on June 25, 1953, that his translation for Grove Press "had been rushed" and noted again on September 1, 1953, that "It was done in great haste to facilitate the negotiations of [producer] Mr. Oram and I do not myself regard it as very satisfactory." After the French production had closed at the end of October, Beckett improved his English text, asking his publisher, Barney Rosset, on December 14, 1953, to delay publication in favor of a better text: "Could you possibly postpone setting the galleys until 1st week in January, by which time you will have received the definitive text. I have made a fair number of changes, particularly in Lucky's tirade." Throughout the revisions French and English versions retained subtle differences, finally, beginning with their titles. The French title might well have been rendered as *While Waiting for Godot*, but Beckett omitted the adverb from the English. (The adverb may have resonated more fully in the French capital, where a popular brand of chewing gum sold in Métro vending machines adopted the apparently simple slogan, "En attendant . . .") The French adverb accents the burden of time in the title more directly than the English text, which, on the other hand, is given a specific subtitle, "tragicomedy in 2 acts," missing from the French. On the whole the English-language text tends more toward the indefinite, loss of memory, like the vintner's name in Roussillon, grown more pronounced. Vladimir's "He said Saturday. (*Pause.*) I think" is decidedly less assured than "Samedi soir et suivants." On the other hand, the French text does not include Vladimir's evocation of *Proverbs*

13:12, "Hope deferred maketh the something sick," which gives the English text extra poignancy. Estragon's "Les gens sont des cons" lacks the Darwinian implications of "people are bloody ignorant apes." In English Estragon calls Lucky's dance "The Scapegoat's Agony," which gives the text a curious echo of *Leviticus* 16:7–10, intensifying the play's religious anguish, the scapegoat released to wander "into the wilderness."

Fully revised, *Waiting for Godot* was finally published by Grove Press in April of 1954, in advance of any English-language production. Beckett continued making revisions to his translation for three separate, almost simultaneous productions, however: one in London, which opened at the Arts Theatre Club on August 3, 1955; one in Dublin, which opened at the Pike Theatre on October 28, 1955; and one in America, which opened at the Coconut Grove Playhouse in Miami Beach, Florida, on January 3, 1956, in preparation for its New York debut. By the Broadway opening at the John Golden Theater on April 19, 1956, two years after the play's publication by Grove Press, three decidedly different English-language texts were performed. The British production was a special case, since the play was censored for its West End debut to comply with the Lord Chamberlain's objections. The first Faber and Faber text of 1956 was this bowdlerized, what Beckett called mutilated, version. Faber's note to its first edition announced: "When *Waiting for Godot* was transferred from the Arts Theatre to the Criterion Theatre, a small number of textual deletions were made to satisfy the requirements of the Lord Chamberlain. The text printed here is that used in the Criterion production." In fact hundreds of variants existed between the Grove Press *Godot* of 1954 and Faber's 1956 edition. Faber went on to "correct" its *Godot* in 1965, in an edition they called the "complete and unexpurgated text . . . authorized by Mr. Beckett as definitive," which differed from the American text. To mark his eightieth birthday Faber and Faber collected all of Beckett's plays into a single, celebratory volume, *Samuel Beckett: The Complete Dramatic Works*, in which the venerable house of Faber inexplicably reprinted the bowdlerized text of 1956, at least in its initial, hardbound release. Moreover, in March of 1975 Beckett directed the play himself for the first time and in the process produced a substantially altered, trimmer acting text. Those changes are detailed in *The Theatrical Notebooks of Samuel Beckett, Volume I: Waiting for Godot.*

Beckett also made independent revisions for the Pike Theatre production of 1955 that have never appeared in any publication of the play, even that final acting version published in *The Theatrical Notebooks*.

Over the years Grove Press had silently revised its text, correcting errors such as "well" for "we'll," for instance, so that by the 1970 uniform edition in 16 volumes, *The Collected Works of Samuel Beckett*, with which Beckett was delighted, most of the typos had been corrected. For the publication of this centenary bilingual edition of Beckett's most famous play, Grove Press has not only reunited the long separated fraternal twins, the English and French editions of *Godot*, but has brought British and American texts closer to harmony. Minor differences remain. In the discussion of the Eiffel Tower, for instance, Vladimir notes, "We were more respectable in those days." The Faber edition has the couple more "presentable." And in the discussion of Vladimir's urinary difficulties, the Faber edition has the characters responding "*angrily*" two fewer times. And Vladimir "peers" into his hat one time fewer in the British text, Beckett revising the fourth "*peers*" to "*looks*." But such differences as remain, mostly stylistic, are further testimony to the play's plurality not only between French and English but among English versions as well, the Grove text remaining closer to the spirit of Beckett's original translation.

FURTHER READING

Ackerley, C. J. and S. E. Gontarski. *The Grove Companion to Samuel Beckett: A Reader's Guide to His Works, Life, and Thought*. New York: Grove Press, 2004.

Dukes, Gerry. "Beckett's Synge-song: The Revised *Godot* Revisited." *Journal of Beckett Studies* 4.2 (spring 1995): 103–12.

Knowlson, James and Dougald McMillan, eds. *The Theatrical Notebooks of Samuel Beckett*. New York: Grove Press, 1995. Volume I of *The Theatrical Notebooks of Samuel Beckett*. Four vols. 1992–99.

O'Brien, Eoin. *The Beckett Country: Samuel Beckett's Ireland*. Dublin: The Black Cat Press, 1986.

Zeifman, Hersh. "The Alterable Whey of Words: The Texts of *Waiting for Godot*," *Educational Theatre Journal* (1977): 77–84. Rpt. in *Beckett: Waiting for Godot*. Ed. Ruby Cohn. London: Macmillan, 1987, 86–95.

en
attendant waiting
for
GODOT

EN ATTENDANT GODOT

WAITING FOR GODOT

En attendant Godot a été créée le 5 janvier 1953 au Théâtre de Babylone, dans une mise en scène de Roger Blin et avec la distribution suivante:

ESTRAGON *Pierre Latour*

VLADIMIR *Lucien Raimbourg*

POZZO *Roger Blin*

LUCKY *Jean Martin*

UN JEUNE GARÇON *Serge Lecointe*

Waiting for Godot was first performed in English at the Arts Theatre Club, London, August 3, 1955, directed by Peter Hall. The first American performance was at the Coconut Grove Playhouse, Miami Beach, Florida, January 3, 1956, directed by Alan Schneider; it was transferred to the John Golden Theater, New York, April 19, 1956, directed by Herbert Berghof.

<table>
<tr><td colspan="2">LONDON</td><td colspan="2">MIAMI</td></tr>
<tr><td>ESTRAGON</td><td>*Peter Woodthorpe*</td><td>ESTRAGON</td><td>*Bert Lahr*</td></tr>
<tr><td>VLADIMIR</td><td>*Paul Daneman*</td><td>VLADIMIR</td><td>*Tom Ewell*</td></tr>
<tr><td>POZZO</td><td>*Peter Bull*</td><td>POZZO</td><td>*J. Scott Smart*</td></tr>
<tr><td>LUCKY</td><td>*Timothy Bateson*</td><td>LUCKY</td><td>*Arthur Malet*</td></tr>
<tr><td>A BOY</td><td>*Michael Walker*</td><td>A BOY</td><td>*Jimmy Oster*</td></tr>
</table>

NEW YORK

ESTRAGON *Bert Lahr*
VLADIMIR *E. G. Marshall*
POZZO *Kurt Kasznar*
LUCKY *Alvin Epstein*
A BOY *Luchino Solito de Solis*

ACTE PREMIER

Route à la campagne, avec arbre.

Soir.

ACT I

A country road. A tree.

Evening.

Estragon, assis sur une pierre, essaie d'enlever sa chaussure. Il s'y acharne des deux mains, en ahanant. Il s'arrête, à bout de forces, se repose en haletant, recommence. Même jeu.

Entre Vladimir.

ESTRAGON

[renonçant à nouveau] Rien à faire.

VLADIMIR

[s'approchant à petits pas raides, les jambes écartées] Je commence à le croire. *[Il s'immobilise.]* J'ai longtemps résisté à cette pensée, en me disant, Vladimir, sois raisonnable. Tu n'as pas encore tout essayé. Et je reprenais le combat. *[Il se recueille, songeant au combat. A Estragon.]* Alors, te revoilà, toi.

Estragon, sitting on a low mound, is trying to take off his boot. He pulls at it with both hands, panting. He gives up, exhausted, rests, tries again. As before.

Enter Vladimir.

ESTRAGON

[*giving up again*] Nothing to be done.

VLADIMIR

[*advancing with short, stiff strides, legs wide apart*] I'm beginning to come round to that opinion. All my life I've tried to put it from me, saying, Vladimir, be reasonable, you haven't yet tried everything. And I resumed the struggle. [*He broods, musing on the struggle. Turning to Estragon.*] So there you are again.

ESTRAGON
Tu crois?

VLADIMIR
Je suis content de te revoir. Je te croyais parti pour toujours.

ESTRAGON
Moi aussi.

VLADIMIR
Que faire pour fêter cette réunion? *[Il réfléchit.]* Lève-toi que je t'embrasse. *[Il tend la main à Estragon.]*

ESTRAGON
[avec irritation] Tout à l'heure, tout à l'heure.

Silence.

VLADIMIR
[froissé, froidement] Peut-on savoir où monsieur a passé la nuit?

ESTRAGON
Dans un fossé.

VLADIMIR
[épaté] Un fossé! Où ça?

ESTRAGON
[sans geste] Par là.

VLADIMIR
Et on ne t'a pas battu?

ESTRAGON
Si . . . Pas trop.

ESTRAGON

   Am I?

VLADIMIR

   I'm glad to see you back. I thought you were gone for ever.

ESTRAGON

   Me too.

VLADIMIR

   Together again at last! We'll have to celebrate this. But how?
   [He reflects.] Get up till I embrace you.

ESTRAGON

   [irritably] Not now, not now.

VLADIMIR

   [hurt, coldly] May one inquire where His Highness spent
   the night?

ESTRAGON

   In a ditch.

VLADIMIR

   [admiringly] A ditch! Where?

ESTRAGON

   [without gesture] Over there.

VLADIMIR

   And they didn't beat you?

ESTRAGON

   Beat me? Certainly they beat me.

VLADIMIR

Toujours les mêmes?

ESTRAGON

Les mêmes? Je ne sais pas.

Silence.

VLADIMIR

Quand j'y pense . . . depuis le temps . . . je me demande . . .
ce que tu serais devenu . . . sans moi . . . *[Avec décision.]* Tu ne
serais plus qu'un petit tas d'ossements à l'heure qu'il est, pas
d'erreur.

ESTRAGON

[piqué au vif] Et après?

VLADIMIR

[accablé] C'est trop pour un seul homme. *[Un temps. Avec
vivacité.]* D'un autre côté, à quoi bon se décourager à présent,
voilà ce que je me dis. Il fallait y penser il y a une éternité, vers
1900.

ESTRAGON

Assez. Aide-moi à enlever cette saloperie.

VLADIMIR

La main dans la main on se serait jeté en bas de la tour Eiffel,
parmi les premiers. On portait beau alors. Maintenant il est trop
tard. On ne nous laisserait même pas monter. *[Estragon s'acharne
sur sa chaussure.]* Qu'est-ce que tu fais?

ESTRAGON

Je me déchausse. Ça ne t'est jamais arrivé, à toi?

VLADIMIR

Depuis le temps que je te dis qu'il faut les enlever tous les jours.
Tu ferais mieux de m'écouter.

VLADIMIR

The same lot as usual?

ESTRAGON

The same? I don't know.

VLADIMIR

When I think of it . . . all these years . . . but for me . . . where
would you be . . . *[Decisively.]* You'd be nothing more than a
little heap of bones at the present minute, no doubt about it.

ESTRAGON

And what of it?

VLADIMIR

[gloomily] It's too much for one man. *[Pause. Cheerfully.]* On the
other hand what's the good of losing heart now, that's what I say.
We should have thought of it a million years ago, in the nineties.

ESTRAGON

Ah stop blathering and help me off with this bloody thing.

VLADIMIR

Hand in hand from the top of the Eiffel Tower, among the
first. We were respectable in those days. Now it's too late. They
wouldn't even let us up. *[Estragon tears at his boot.]* What are you
doing?

ESTRAGON

Taking off my boot. Did that never happen to you?

VLADIMIR

Boots must be taken off every day, I'm tired telling you that.
Why don't you listen to me?

ESTRAGON

[faiblement] Aide-moi!

VLADIMIR

Tu as mal?

ESTRAGON

Mal! Il me demande si j'ai mal!

VLADIMIR

[avec emportement] Il n'y a jamais que toi qui souffres! Moi je
ne compte pas. Je voudrais pourtant te voir à ma place. Tu m'en
dirais des nouvelles.

ESTRAGON

Tu as eu mal?

VLADIMIR

Mal! Il me demande si j'ai eu mal!

ESTRAGON

[pointant l'index] Ce n'est pas une raison pour ne pas te
boutonner.

VLADIMIR

[se penchant] C'est vrai. *[Il se boutonne.]* Pas de laisser-aller dans
les petites choses.

ESTRAGON

Qu'est-ce que tu veux que je te dise, tu attends toujours
le dernier moment.

VLADIMIR

[rêveusement] Le dernier moment . . . *[Il médite.]* C'est long, mais
ce sera bon. Qui disait ça?

ESTRAGON

    [feebly] Help me!

VLADIMIR

    It hurts?

ESTRAGON

    [angrily] Hurts! He wants to know if it hurts!

VLADIMIR

    [angrily] No one ever suffers but you. I don't count. I'd like to hear what you'd say if you had what I have.

ESTRAGON

    It hurts?

VLADIMIR

    [angrily] Hurts! He wants to know if it hurts!

ESTRAGON

    [pointing] You might button it all the same.

VLADIMIR

    [stooping] True. *[He buttons his fly.]* Never neglect the little things of life.

ESTRAGON

    What do you expect, you always wait till the last moment.

VLADIMIR

    [musingly] The last moment . . . *[He meditates.]* Hope deferred maketh the something sick, who said that?

ESTRAGON

Tu ne veux pas m'aider?

VLADIMIR

Des fois je me dis que ça vient quand même. Alors je me sens tout drôle. *[Il ôte son chapeau, regarde dedans, y promène sa main, le secoue, le remet.]* Comment dire? Soulagé et en même temps . . . *[il cherche]* . . . épouvanté. *[Avec emphase.]* E-POU-VAN-TÉ. *[Il ôte à nouveau son chapeau, regarde dedans.]* Ça alors! *[Il tape dessus comme pour en faire tomber quelque chose, regarde à nouveau dedans, le remet.]* Enfin . . . *[Estragon, au prix d'un suprême effort, parvient à enlever sa chaussure. Il regarde dedans, y promène sa main, la retourne, la secoue, cherche par terre s'il n'en est pas tombé quelque chose, ne trouve rien, passe sa main à nouveau dans sa chaussure, les yeux vagues.]*—Alors?

ESTRAGON

Rien.

VLADIMIR

Fais voir.

ESTRAGON

Il n'y a rien à voir.

VLADIMIR

Essaie de la remettre.

ESTRAGON

[ayant examiné son pied] Je vais le laisser respirer un peu.

VLADIMIR

Voilà l'homme tout entier, s'en prenant à sa chaussure alors que c'est son pied le coupable. *[Il enlève encore une fois son chapeau, regarde dedans, y passe la main, le secoue, tape dessus, souffle dedans, le remet.]* Ça devient inquiétant. *[Silence. Estragon agite son pied, en faisant jouer les orteils, afin que l'air y circule mieux.]* Un des larrons fut sauvé. *[Un temps.]* C'est un pourcentage honnête. *[Un temps.]* Gogo . . .

ESTRAGON

Why don't you help me?

VLADIMIR

Sometimes I feel it coming all the same. Then I go all queer. *[He takes off his hat, peers inside it, feels about inside it, shakes it, puts it on again.]* How shall I say? Relieved and at the same time . . . *[he searches for the word]* . . . appalled. *[With emphasis.]* AP-PALLED. *[He takes off his hat again, peers inside it.]* Funny. *[He knocks on the crown as though to dislodge a foreign body, peers into it again, puts it on again.]* Nothing to be done. *[Estragon with a supreme effort succeeds in pulling off his boot. He peers inside it, feels about inside it, turns it upside down, shakes it, looks on the ground to see if anything has fallen out, finds nothing, feels inside it again, staring sightlessly before him.]* Well?

ESTRAGON

Nothing.

VLADIMIR

Show.

ESTRAGON

There's nothing to show.

VLADIMIR

Try and put it on again.

ESTRAGON

[examining his foot] I'll air it for a bit.

VLADIMIR

There's man all over for you, blaming on his boots the faults of his feet. *[He takes off his hat again, peers inside it, feels about inside it, knocks on the crown, blows into it, puts it on again.]* This is getting alarming. *[Silence. Vladimir deep in thought, Estragon pulling at his toes.]* One of the thieves was saved. *[Pause.]* It's a reasonable percentage. *[Pause.]* Gogo.

ESTRAGON
Quoi?

VLADIMIR
Si on se repentait?

ESTRAGON
De quoi?

VLADIMIR
Eh bien . . . *[Il cherche.]* On n'aurait pas besoin d'entrer dans les détails.

ESTRAGON
D'être né?

Vladimir part d'un bon rire qu'il réprime aussitôt, en portant sa main au pubis, le visage crispé.

VLADIMIR
On n'ose même plus rire.

ESTRAGON
Tu parles d'une privation.

VLADIMIR
Seulement sourire. *[Son visage se fend dans un sourire maximum qui se fige, dure un bon moment, puis subitement s'éteint.]* Ce n'est pas la même chose. Enfin . . . *[Un temps.]* Gogo . . .

ESTRAGON
[agacé] Qu'est-ce qu'il y a?

VLADIMIR
Tu as lu la Bible?

ESTRAGON

   What?

VLADIMIR

   Suppose we repented.

ESTRAGON

   Repented what?

VLADIMIR

   Oh . . . *[He reflects.]* We wouldn't have to go into the details.

ESTRAGON

   Our being born?

Vladimir breaks into a hearty laugh which he immediately stifles, his hand pressed to his pubis, his face contorted.

VLADIMIR

   One daren't even laugh any more.

ESTRAGON

   Dreadful privation.

VLADIMIR

   Merely smile. *[He smiles suddenly from ear to ear, keeps smiling, ceases as suddenly.]* It's not the same thing. Nothing to be done. *[Pause.]* Gogo.

ESTRAGON

   [irritably] What is it?

VLADIMIR

   Did you ever read the Bible?

ESTRAGON

La Bible . . . *[Il réfléchit.]* J'ai dû y jeter un coup d'œil.

VLADIMIR

[étonné] A l'école sans Dieu?

ESTRAGON

Sais pas si elle était sans ou avec.

VLADIMIR

Tu dois confondre avec la Roquette.

ESTRAGON

Possible. Je me rappelle les cartes de la Terre sainte. En couleur. Très jolies. La mer Morte était bleu pâle. J'avais soif rien qu'en la regardant. Je me disais, c'est là que nous irons passer notre lune de miel. Nous nagerons. Nous serons heureux.

VLADIMIR

Tu aurais dû être poète.

ESTRAGON

Je l'ai été. *[Geste vers ses haillons.]* Ça ne se voit pas?

Silence.

VLADIMIR

Qu'est-ce que je disais . . . Comment va ton pied?

ESTRAGON

Il enfle.

VLADIMIR

Ah oui, j'y suis, cette histoire de larrons. Tu t'en souviens?

ESTRAGON

Non.

ESTRAGON
The Bible . . . *[He reflects.]* I must have taken a look at it.

VLADIMIR
Do you remember the Gospels?

ESTRAGON
I remember the maps of the Holy Land. Coloured they were. Very pretty. The Dead Sea was pale blue. The very look of it made me thirsty. That's where we'll go, I used to say, that's where we'll go for our honeymoon. We'll swim. We'll be happy.

VLADIMIR
You should have been a poet.

ESTRAGON
I was. *[Gesture towards his rags.]* Isn't that obvious?

Silence.

VLADIMIR
Where was I . . . How's your foot?

ESTRAGON
Swelling visibly.

VLADIMIR
Ah yes, the two thieves. Do you remember the story?

ESTRAGON
No.

VLADIMIR

Tu veux que je te la raconte?

ESTRAGON

Non.

VLADIMIR

Ça passera le temps. *[Un temps.]* C'étaient deux voleurs, crucifiés en même temps que le Sauveur. On . . .

ESTRAGON

Le quoi?

VLADIMIR

Le Sauveur. Deux voleurs. On dit que l'un fut sauvé et l'autre . . . *[il cherche le contraire de sauvé]* . . . damné.

ESTRAGON

Sauvé de quoi?

VLADIMIR

De l'enfer.

ESTRAGON

Je m'en vais. *[Il ne bouge pas.]*

VLADIMIR

Et cependant . . . *[Un temps.]* Comment se fait-il que . . . Je ne t'ennuie pas, j'espère?

ESTRAGON

Je n'écoute pas.

VLADIMIR

Comment se fait-il que des quatre évangélistes un seul présente les faits de cette façon? Ils étaient cependant là tous les quatre—enfin, pas loin. Et un seul parle d'un larron de sauvé. *[Un temps.]* Voyons, Gogo, il faut me renvoyer la balle de temps en temps.

VLADIMIR
  Shall I tell it to you?

ESTRAGON
  No.

VLADIMIR
  It'll pass the time. *[Pause.]* Two thieves, crucified at the same time as our Saviour. One—

ESTRAGON
  Our what?

VLADIMIR
  Our Saviour. Two thieves. One is supposed to have been saved and the other . . . *[he searches for the contrary of saved]* . . . damned.

ESTRAGON
  Saved from what?

VLADIMIR
  Hell.

ESTRAGON
  I'm going. *[He does not move.]*

VLADIMIR
  And yet . . . *[pause]* . . . how is it—this is not boring you I hope—how is it that of the four Evangelists only one speaks of a thief being saved. The four of them were there—or there-abouts—and only one speaks of a thief being saved. *[Pause.]* Come on, Gogo, return the ball, can't you, once in a way?

ESTRAGON

J'écoute.

VLADIMIR

Un sur quatre. Des trois autres, deux n'en parlent pas du tout et le troisième dit qu'ils l'ont engueulé tous les deux.

ESTRAGON

Qui?

VLADIMIR

Comment?

ESTRAGON

Je ne comprends rien . . . *[Un temps.]* Engueulé qui?

VLADIMIR

Le Sauveur.

ESTRAGON

Pourquoi?

VLADIMIR

Parce qu'il n'a pas voulu les sauver.

ESTRAGON

De l'enfer?

VLADIMIR

Mais non, voyons! De la mort.

ESTRAGON

  [with exaggerated enthusiasm] I find this really most
  extraordinarily interesting.

VLADIMIR

  One out of four. Of the other three two don't mention any
  thieves at all and the third says that both of them abused him.

ESTRAGON

  Who?

VLADIMIR

  What?

ESTRAGON

  What's all this about? Abused who?

VLADIMIR

  The Saviour.

ESTRAGON

  Why?

VLADIMIR

  Because he wouldn't save them.

ESTRAGON

  From hell?

VLADIMIR

  Imbecile! From death.

ESTRAGON

  I thought you said hell.

VLADIMIR

  From death, from death.

ESTRAGON

Et alors?

VLADIMIR

Alors ils ont dû être damnés tous les deux.

ESTRAGON

Et après?

VLADIMIR

Mais l'autre dit qu'il y en a eu un de sauvé.

ESTRAGON

Eh bien? Ils ne sont pas d'accord, un point c'est tout.

VLADIMIR

Ils étaient là tous les quatre. Et un seul parle d'un larron de sauvé. Pourquoi le croire plutôt que les autres?

ESTRAGON

Qui le croit?

VLADIMIR

Mais tout le monde. On ne connaît que cette version-là.

ESTRAGON

Les gens sont des cons.

Il se lève péniblement, va en boitillant vers la coulisse gauche, s'arrête, regarde au loin, la main en écran devant les yeux, se retourne, va vers la coulisse droite, regarde au loin. Vladimir le suit des yeux, puis va ramasser la chaussure, regarde dedans, la lâche précipitamment.

VLADIMIR

Pah! *[Il crache par terre.]*

Estragon revient au centre de la scène, regarde vers le fond.

ESTRAGON

    Well what of it?

VLADIMIR

    Then the two of them must have been damned.

ESTRAGON

    And why not?

VLADIMIR

    But one of the four says that one of the two was saved.

ESTRAGON

    Well? They don't agree and that's all there is to it.

VLADIMIR

    But all four were there. And only one speaks of a thief being saved. Why believe him rather than the others?

ESTRAGON

    Who believes him?

VLADIMIR

    Everybody. It's the only version they know.

ESTRAGON

    People are bloody ignorant apes.

He rises painfully, goes limping to extreme left, halts, gazes into distance off with his hand screening his eyes, turns, goes to extreme right, gazes into distance. Vladimir watches him, then goes and picks up the boot, peers into it, drops it hastily.

VLADIMIR

    Pah!

He spits. Estragon moves to center, halts with his back to auditorium.

ESTRAGON

Endroit délicieux. *[Il se retourne, avance jusqu'à la rampe, regarde vers le public.]* Aspects riants. *[Il se tourne vers Vladimir.]* Allons-nous-en.

VLADIMIR

On ne peut pas.

ESTRAGON

Pourquoi?

VLADIMIR

On attend Godot.

ESTRAGON

C'est vrai. *[Un temps.]* Tu es sûr que c'est ici?

VLADIMIR

Quoi?

ESTRAGON

Qu'il faut attendre.

VLADIMIR

Il a dit devant l'arbre. *[Ils regardent l'arbre.]* Tu en vois d'autres?

ESTRAGON

Qu'est-ce que c'est?

VLADIMIR

On dirait un saule.

ESTRAGON

Où sont les feuilles?

ESTRAGON

Charming spot. *[He turns, advances to front, halts facing auditorium.]* Inspiring prospects. *[He turns to Vladimir.]* Let's go.

VLADIMIR

We can't.

ESTRAGON

Why not?

VLADIMIR

We're waiting for Godot.

ESTRAGON

[despairingly] Ah! *[Pause.]* You're sure it was here?

VLADIMIR

What?

ESTRAGON

That we were to wait.

VLADIMIR

He said by the tree. *[They look at the tree.]* Do you see any others?

ESTRAGON

What is it?

VLADIMIR

I don't know. A willow.

ESTRAGON

Where are the leaves?

VLADIMIR

Il doit être mort.

ESTRAGON

Finis les pleurs.

VLADIMIR

A moins que ce ne soit pas la saison.

ESTRAGON

Ce ne serait pas plutôt un arbrisseau?

VLADIMIR

Un arbuste.

ESTRAGON

Un arbrisseau.

VLADIMIR

Un—*[Il se reprend.]* Qu'est-ce que tu veux insinuer? Qu'on s'est trompé d'endroit?

ESTRAGON

Il devrait être là.

VLADIMIR

Il n'a pas dit ferme qu'il viendrait.

ESTRAGON

Et s'il ne vient pas?

VLADIMIR

Nous reviendrons demain.

ESTRAGON

Et puis après-demain.

VLADIMIR
It must be dead.

ESTRAGON
No more weeping.

VLADIMIR
Or perhaps it's not the season.

ESTRAGON
Looks to me more like a bush.

VLADIMIR
A shrub.

ESTRAGON
A bush.

VLADIMIR
A—. What are you insinuating? That we've come to the wrong place?

ESTRAGON
He should be here.

VLADIMIR
He didn't say for sure he'd come.

ESTRAGON
And if he doesn't come?

VLADIMIR
We'll come back tomorrow.

ESTRAGON
And then the day after tomorrow.

VLADIMIR
Peut-être.

ESTRAGON
Et ainsi de suite.

VLADIMIR
C'est-à-dire . . .

ESTRAGON
Jusqu'à ce qu'il vienne.

VLADIMIR
Tu es impitoyable.

ESTRAGON
Nous sommes déjà venus hier.

VLADIMIR
Ah non, là tu te goures.

ESTRAGON
Qu'est-ce que nous avons fait hier?

VLADIMIR
Ce que nous avons fait hier?

ESTRAGON
Oui.

VLADIMIR
Ma foi . . . *[Se fâchant.]* Pour jeter le doute, à toi le pompon.

ESTRAGON
Pour moi, nous étions ici.

VLADIMIR
[regard circulaire] L'endroit te semble familier?

32

VLADIMIR
Possibly.

ESTRAGON
And so on.

VLADIMIR
The point is—

ESTRAGON
Until he comes.

VLADIMIR
You're merciless.

ESTRAGON
We came here yesterday.

VLADIMIR
Ah no, there you're mistaken.

ESTRAGON
What did we do yesterday?

VLADIMIR
What did we do yesterday?

ESTRAGON
Yes.

VLADIMIR
Why . . . *[Angrily.]* Nothing is certain when you're about.

ESTRAGON
In my opinion we were here.

VLADIMIR
[looking round] You recognize the place?

ESTRAGON

Je ne dis pas ça.

VLADIMIR

Alors?

ESTRAGON

Ça n'empêche pas.

VLADIMIR

Tout de même . . . cet arbre . . . *[se tournant vers le public]* . . .
cette tourbière.

ESTRAGON

Tu es sûr que c'était ce soir?

VLADIMIR

Quoi?

ESTRAGON

Qu'il fallait attendre?

VLADIMIR

Il a dit samedi. *[Un temps.]* Il me semble.

ESTRAGON

Après le turbin.

VLADIMIR

J'ai dû le noter. *[Il fouille dans ses poches, archibondées de saletés de
toutes sortes.]*

ESTRAGON

Mais quel samedi? Et sommes-nous samedi? Ne serait-on pas
plutôt dimanche? Ou lundi? Ou vendredi?

ESTRAGON
I didn't say that.

VLADIMIR
Well?

ESTRAGON
That makes no difference.

VLADIMIR
All the same . . . that tree . . . *[turning towards auditorium]* that bog . . .

ESTRAGON
You're sure it was this evening?

VLADIMIR
What?

ESTRAGON
That we were to wait.

VLADIMIR
He said Saturday. *[Pause.]* I think.

ESTRAGON
You think.

VLADIMIR
I must have made a note of it. *[He fumbles in his pockets, bursting with miscellaneous rubbish.]*

ESTRAGON
[very insidious] But what Saturday? And is it Saturday? Is it not rather Sunday? *[Pause.]* Or Monday? *[Pause.]* Or Friday?

VLADIMIR

[regardant avec affolement autour de lui, comme si la date était inscrite dans le paysage] Ce n'est pas possible.

ESTRAGON

Ou jeudi.

VLADIMIR

Comment faire?

ESTRAGON

S'il s'est dérangé pour rien hier soir, tu penses bien qu'il ne viendra pas aujourd'hui.

VLADIMIR

Mais tu dis que nous sommes venus hier soir.

ESTRAGON

Je peux me tromper. *[Un temps.]* Taisons-nous un peu, tu veux?

VLADIMIR

[faiblement] Je veux bien. *[Estragon se rassied. Vladimir arpente la scène avec agitation, s'arrête de temps en temps pour scruter l'horizon. Estragon s'endort. Vladimir s'arrête devant Estragon.]* Gogo . . . *[Silence.]* Gogo . . . *[Silence.]* Gogo!

Estragon se réveille en sursaut.

ESTRAGON

[rendu à toute l'horreur de sa situation] Je dormais. *[Avec reproche.]* Pourquoi tu ne me laisses jamais dormir?

VLADIMIR

Je me sentais seul.

ESTRAGON

J'ai fait un rêve.

VLADIMIR

[looking wildly about him, as though the date was inscribed in the landscape] It's not possible!

ESTRAGON

Or Thursday?

VLADIMIR

What'll we do?

ESTRAGON

If he came yesterday and we weren't here you may be sure he won't come again today.

VLADIMIR

But you say we were here yesterday.

ESTRAGON

I may be mistaken. *[Pause.]* Let's stop talking for a minute, do you mind?

VLADIMIR

[feebly] All right. *[Estragon sits down on the mound. Vladimir paces agitatedly to and fro, halting from time to time to gaze into distance off. Estragon falls asleep. Vladimir halts finally before Estragon.]* Gogo! . . . Gogo! . . . GOGO!

Estragon wakes with a start.

ESTRAGON

[restored to the horror of his situation] I was asleep! *[Despairingly.]* Why will you never let me sleep?

VLADIMIR

I felt lonely.

ESTRAGON

I had a dream.

VLADIMIR
  Ne le raconte pas!

ESTRAGON
  Je rêvais que . . .

VLADIMIR
  NE LE RACONTE PAS!

ESTRAGON
  [geste vers l'univers] Celui-ci te suffit? *[Silence.]* Tu n'es pas gentil,
  Didi. A qui veux-tu que je raconte mes cauchemars privés, sinon
  à toi?

VLADIMIR
  Qu'ils restent privés. Tu sais bien que je ne supporte pas ça.

ESTRAGON
  [froidement] Il y a des moments où je me demande si on ne ferait
  pas mieux de se quitter.

VLADIMIR
  Tu n'irais pas loin.

ESTRAGON
  Ce serait là, en effet, un grave inconvénient. *[Un temps.]* N'est-
  ce pas, Didi, que ce serait là un grave inconvénient? *[Un temps.]*
  Etant donné la beauté du chemin. *[Un temps.]* Et la bonté des
  voyageurs. *[Un temps. Câlin.]* N'est-ce pas, Didi?

VLADIMIR
  Du calme.

ESTRAGON
  [avec volupté] Calme . . . Calme . . . *[Rêveusement.]* Les Anglais
  disent câââm. Ce sont des gens câââms. *[Un temps.]* Tu connais
  l'histoire de l'Anglais au bordel?

VLADIMIR
Don't tell me!

ESTRAGON
I dreamt that—

VLADIMIR
DON'T TELL ME!

ESTRAGON
[gesture towards the universe] This one is enough for you?
[Silence.] It's not nice of you, Didi. Who am I to tell my private
nightmares to if I can't tell them to you?

VLADIMIR
Let them remain private. You know I can't bear that.

ESTRAGON
[coldly] There are times when I wonder if it wouldn't be better
for us to part.

VLADIMIR
You wouldn't go far.

ESTRAGON
That would be too bad, really too bad. *[Pause.]* Wouldn't it,
Didi, be really too bad? *[Pause.]* When you think of the beauty
of the way. *[Pause.]* And the goodness of the wayfarers. *[Pause.
Wheedling.]* Wouldn't it, Didi?

VLADIMIR
Calm yourself.

ESTRAGON
[voluptuously] Calm . . . calm . . . The English say cawm. *[Pause.]*
You know the story of the Englishman in the brothel?

VLADIMIR

Oui.

ESTRAGON

Raconte-la-moi.

VLADIMIR

Assez.

ESTRAGON

Un Anglais s'étant enivré se rend au bordel. La sous-maîtresse lui demande s'il désire une blonde, une brune ou une rousse. Continue.

VLADIMIR

ASSEZ!

Vladimir sort. Estragon se lève et le suit jusqu'à la limite de la scène. Mimique d'Estragon, analogue à celle qu'arrachent au spectateur les efforts du pugiliste. Vladimir revient, passe devant Estragon, traverse la scène, les yeux baissés. Estragon fait quelques pas vers lui, s'arrête.

ESTRAGON

[avec douceur] Tu voulais me parler? *[Vladimir ne répond pas. Estragon fait un pas en avant.]* Tu avais quelque chose à me dire? *[Silence. Autre pas en avant.]* Dis, Didi . . .

VLADIMIR

[sans se retourner] Je n'ai rien à te dire.

ESTRAGON

[pas en avant] Tu es fâché? *[Silence. Pas en avant.]* Pardon! *[Silence. Pas en avant. Il lui touche l'épaule.]* Voyons, Didi. *[Silence.]* Donne ta main! *[Vladimir se retourne.]* Embrasse-moi! *[Vladimir se raidit.]* Laisse-toi faire! *[Vladimir s'amollit. Ils s'embrassent. Estragon recule.]* Tu pues l'ail!

VLADIMIR
  Yes.

ESTRAGON
  Tell it to me.

VLADIMIR
  Ah stop it!

ESTRAGON
  An Englishman having drunk a little more than usual proceeds
  to a brothel. The bawd asks him if he wants a fair one, a dark
  one or a red-haired one. Go on.

VLADIMIR
  STOP IT!

*Exit Vladimir hurriedly. Estragon gets up and follows him as far as
the limit of the stage. Gestures of Estragon like those of a spectator
encouraging a pugilist. Enter Vladimir. He brushes past Estragon, crosses
the stage with bowed head. Estragon takes a step towards him, halts.*

ESTRAGON
  [gently] You wanted to speak to me? *[Silence. Estragon takes a step
  forward.]* You had something to say to me? *[Silence. Another step
  forward.]* Didi . . .

VLADIMIR
  [without turning] I've nothing to say to you.

ESTRAGON
  [step forward] You're angry? *[Silence. Step forward.]* Forgive
  me. *[Silence. Step forward. Estragon lays his hand on Vladimir's
  shoulder.]* Come, Didi. *[Silence.]* Give me your hand. *[Vladimir
  half turns.]* Embrace me! *[Vladimir stiffens.]* Don't be stubborn!
  [Vladimir softens. They embrace. Estragon recoils.] You stink of
  garlic!

41

VLADIMIR

C'est pour les reins. *[Silence. Estragon regarde l'arbre avec attention.]* Qu'est ce qu'on fait maintenant?

ESTRAGON

On attend.

VLADIMIR

Oui, mais en attendant?

ESTRAGON

Si on se pendait?

VLADIMIR

Ce serait un moyen de bander.

ESTRAGON

[aguiché] On bande?

VLADIMIR

Avec tout ce qui s'ensuit. Là où ça tombe il pousse des mandragores. C'est pour ça qu'elles crient quand on les arrache. Tu ne savais pas ça?

ESTRAGON

Pendons-nous tout de suite.

VLADIMIR

A une branche? *[Ils s'approchent de l'arbre et le regardent.]* Je n'aurais pas confiance.

ESTRAGON

On peut toujours essayer.

VLADIMIR

Essaie.

VLADIMIR

It's for the kidneys. *[Silence. Estragon looks attentively at the tree.]*
What do we do now?

ESTRAGON

Wait.

VLADIMIR

Yes, but while waiting.

ESTRAGON

What about hanging ourselves?

VLADIMIR

Hmm. It'd give us an erection.

ESTRAGON

[highly excited] An erection!

VLADIMIR

With all that follows. Where it falls mandrakes grow. That's why
they shriek when you pull them up. Did you not know that?

ESTRAGON

Let's hang ourselves immediately!

VLADIMIR

From a bough? *[They go towards the tree.]* I wouldn't trust it.

ESTRAGON

We can always try.

VLADIMIR

Go ahead.

ESTRAGON

   Après toi.

VLADIMIR

   Mais non, toi d'abord.

ESTRAGON

   Pourquoi?

VLADIMIR

   Tu pèses moins lourd que moi.

ESTRAGON

   Justement.

VLADIMIR

   Je ne comprends pas.

ESTRAGON

   Mais réfléchis un peu, voyons.

Vladimir réfléchit.

VLADIMIR

   [finalement] Je ne comprends pas.

ESTRAGON

   Je vais t'expliquer. *[Il réfléchit.]* La branche . . . la branche . . .
   [Avec colère.] Mais essaie donc de comprendre!

VLADIMIR

   Je ne compte plus que sur toi.

ESTRAGON

   [avec effort] Gogo léger—branche pas casser—Gogo mort. Didi
   lourd—branche casser—Didi seul. *[Un temps.]* Tandis que . . .
   [Il cherche l'expression juste.]

ESTRAGON
  After you.

VLADIMIR
  No no, you first.

ESTRAGON
  Why me?

VLADIMIR
  You're lighter than I am.

ESTRAGON
  Just so!

VLADIMIR
  I don't understand.

ESTRAGON
  Use your intelligence, can't you?

Vladimir uses his intelligence.

VLADIMIR
  [finally] I remain in the dark.

ESTRAGON
  This is how it is. *[He reflects.]* The bough . . . the bough . . .
  [Angrily.] Use your head, can't you?

VLADIMIR
  You're my only hope.

ESTRAGON
  [with effort] Gogo light—bough not break—Gogo dead. Didi
  heavy—bough break—Didi alone. Whereas—

VLADIMIR

Je n'avais pas pensé à ça.

ESTRAGON

[ayant trouvé] Qui peut le plus peut le moins.

VLADIMIR

Mais est-ce que je pèse plus lourd que toi?

ESTRAGON

C'est toi qui le dis. Moi je n'en sais rien. Il y a une chance sur deux. Ou presque.

VLADIMIR

Alors, quoi faire?

ESTRAGON

Ne faisons rien. C'est plus prudent.

VLADIMIR

Attendons voir ce qu'il va nous dire.

ESTRAGON

Qui?

VLADIMIR

Godot.

ESTRAGON

Voilà.

VLADIMIR

Attendons d'être fixés d'abord.

ESTRAGON

D'un autre côté, on ferait peut-être mieux de battre le fer avant qu'il soit glacé.

VLADIMIR
I hadn't thought of that.

ESTRAGON
If it hangs you it'll hang anything.

VLADIMIR
But am I heavier than you?

ESTRAGON
So you tell me. I don't know. There's an even chance. Or nearly.

VLADIMIR
Well? What do we do?

ESTRAGON
Don't let's do anything. It's safer.

VLADIMIR
Let's wait and see what he says.

ESTRAGON
Who?

VLADIMIR
Godot.

ESTRAGON
Good idea.

VLADIMIR
Let's wait till we know exactly how we stand.

ESTRAGON
On the other hand it might be better to strike the iron before it freezes.

VLADIMIR

Je suis curieux de savoir ce qu'il va nous dire. Ça ne nous engage à rien.

ESTRAGON

Qu'est-ce qu'on lui a demandé au juste?

VLADIMIR

Tu n'étais pas là?

ESTRAGON

Je n'ai pas fait attention.

VLADIMIR

Eh bien . . . Rien de bien précis.

ESTRAGON

Une sorte de prière.

VLADIMIR

Voilà.

ESTRAGON

Une vague supplique.

VLADIMIR

Si tu veux.

ESTRAGON

Et qu'a-t-il répondu?

VLADIMIR

Qu'il verrait.

ESTRAGON

Qu'il ne pouvait rien promettre.

VLADIMIR

I'm curious to hear what he has to offer. Then we'll take it or leave it.

ESTRAGON

What exactly did we ask him for?

VLADIMIR

Were you not there?

ESTRAGON

I can't have been listening.

VLADIMIR

Oh . . . Nothing very definite.

ESTRAGON

A kind of prayer.

VLADIMIR

Precisely.

ESTRAGON

A vague supplication.

VLADIMIR

Exactly.

ESTRAGON

And what did he reply?

VLADIMIR

That he'd see.

ESTRAGON

That he couldn't promise anything.

VLADIMIR

Qu'il lui fallait réfléchir.

ESTRAGON

A tête reposée.

VLADIMIR

Consulter sa famille.

ESTRAGON

Ses amis.

VLADIMIR

Ses agents.

ESTRAGON

Ses correspondants.

VLADIMIR

Ses registres.

ESTRAGON

Son compte en banque.

VLADIMIR

Avant de se prononcer.

ESTRAGON

C'est normal.

VLADIMIR

N'est-ce pas?

ESTRAGON

Il me semble.

VLADIMIR

A moi aussi.

VLADIMIR
That he'd have to think it over.

ESTRAGON
In the quiet of his home.

VLADIMIR
Consult his family.

ESTRAGON
His friends.

VLADIMIR
His agents.

ESTRAGON
His correspondents.

VLADIMIR
His books.

ESTRAGON
His bank account.

VLADIMIR
Before taking a decision.

ESTRAGON
It's the normal thing.

VLADIMIR
Is it not?

ESTRAGON
I think it is.

VLADIMIR
I think so too.

Repos.

ESTRAGON
    [inquiet] Et nous?

VLADIMIR
    Plaît-il?

ESTRAGON
    Je dis, Et nous?

VLADIMIR
    Je ne comprends pas.

ESTRAGON
    Quel est notre rôle là-dedans?

VLADIMIR
    Notre rôle?

ESTRAGON
    Prends ton temps.

VLADIMIR
    Notre rôle? Celui du suppliant.

ESTRAGON
    A ce point-là?

VLADIMIR
    Monsieur a des exigences à faire valoir?

ESTRAGON
    On n'a plus de droits?

Rire de Vladimir, auquel il coupe court comme au précédent. Même jeu, moins le sourire.

Silence.

ESTRAGON
  [anxious] And we?

VLADIMIR
  I beg your pardon?

ESTRAGON
  I said, And we?

VLADIMIR
  I don't understand.

ESTRAGON
  Where do we come in?

VLADIMIR
  Come in?

ESTRAGON
  Take your time.

VLADIMIR
  Come in? On our hands and knees.

ESTRAGON
  As bad as that?

VLADIMIR
  Your Worship wishes to assert his prerogatives?

ESTRAGON
  We've no rights any more?

Laugh of Vladimir, stifled as before, less the smile.

VLADIMIR

Tu me ferais rire, si cela m'était permis.

ESTRAGON

Nous les avons perdus?

VLADIMIR

[avec netteté] Nous les avons bazardés.

Silence. Ils demeurent immobiles, bras ballants, tête sur la poitrine, cassés aux genoux.

ESTRAGON

[faiblement] On n'est pas liés? *[Un temps.]* Hein?

VLADIMIR

[levant la main] Ecoute!

Ils écoutent, grotesquement figés.

ESTRAGON

Je n'entends rien.

VLADIMIR

Hsst! *[Ils écoutent. Estragon perd l'équilibre, manque de tomber. Il s'agrippe, au bras de Vladimir qui chancelle. Ils écoutent, tassés l'un contre l'autre, les yeux dans les yeux.]* Moi non plus.

Soupirs de soulagement. Détente. Ils s'éloignent l'un de l'autre.

ESTRAGON

Tu m'as fait peur.

VLADIMIR

J'ai cru que c'était lui.

VLADIMIR

You'd make me laugh if it wasn't prohibited.

ESTRAGON

We've lost our rights?

VLADIMIR

[distinctly] We got rid of them.

Silence. They remain motionless, arms dangling, heads sunk, sagging at the knees.

ESTRAGON

[feebly] We're not tied? [Pause.] We're not—

VLADIMIR

Listen!

They listen, grotesquely rigid.

ESTRAGON

I hear nothing.

VLADIMIR

Hsst! [They listen. Estragon loses his balance, almost falls. He clutches the arm of Vladimir, who totters. They listen, huddled together.] Nor I.

Sighs of relief. They relax and separate.

ESTRAGON

You gave me a fright.

VLADIMIR

I thought it was he.

ESTRAGON
Qui?

VLADIMIR
Godot.

ESTRAGON
Pah! Le vent dans les roseaux.

VLADIMIR
J'aurais juré des cris.

ESTRAGON
Et pourquoi crierait-il?

VLADIMIR
Après son cheval.

Silence.

ESTRAGON
Allons-nous-en.

VLADIMIR
Où? *[Un temps.]* Ce soir on couchera peut-être chez lui, au chaud, au sec, le ventre plein, sur la paille. Ça vaut la peine qu'on attende. Non?

ESTRAGON
Pas toute la nuit.

VLADIMIR
Il fait encore jour.

Silence.

ESTRAGON
J'ai faim.

ESTRAGON
    Who?

VLADIMIR
    Godot.

ESTRAGON
    Pah! The wind in the reeds.

VLADIMIR
    I could have sworn I heard shouts.

ESTRAGON
    And why would he shout?

VLADIMIR
    At his horse.

Silence.

ESTRAGON
    [violently] I'm hungry!

VLADIMIR

Veux-tu une carotte?

ESTRAGON

Il n'y a pas autre chose?

VLADIMIR

Je dois avoir quelques navets.

ESTRAGON

Donne-moi une carotte. *[Vladimir fouille dans ses poches, en retire un navet et le donne à Estragon.]* Merci. *[Il mord dedans. Plaintivement.]* C'est un navet!

VLADIMIR

Oh pardon! j'aurais juré une carotte. *[Il fouille à nouveau dans ses poches, n'y trouve que des navets.]* Tout ça c'est des navets. *[Il cherche toujours.]* Tu as dû manger la dernière. *[Il cherche.]* Attends, ça y est. *[Il sort enfin une carotte et la donne à Estragon.]* Voilà, mon cher. *[Estragon l'essuie sur sa manche et commence à la manger.]* Rends-moi le navet. *[Estragon lui rend le navet.]* Fais-la durer, il n'y en a plus.

ESTRAGON

[tout en mâchant] Je t'ai posé une question.

VLADIMIR

Ah.

ESTRAGON

Est-ce que tu m'as répondu?

VLADIMIR

Elle est bonne, ta carotte?

ESTRAGON

Elle est sucrée.

VLADIMIR

Do you want a carrot?

ESTRAGON

Is that all there is?

VLADIMIR

I might have some turnips.

ESTRAGON

Give me a carrot. *[Vladimir rummages in his pockets, takes out a turnip and gives it to Estragon who takes a bite out of it. Angrily.]* It's a turnip!

VLADIMIR

Oh pardon! I could have sworn it was a carrot. *[He rummages again in his pockets, finds nothing but turnips.]* All that's turnips. *[He rummages.]* You must have eaten the last. *[He rummages.]* Wait, I have it. *[He brings out a carrot and gives it to Estragon.]* There, dear fellow. *[Estragon wipes the carrot on his sleeve and begins to eat it.]* Make it last, that's the end of them.

ESTRAGON

[chewing] I asked you a question.

VLADIMIR

Ah.

ESTRAGON

Did you reply?

VLADIMIR

How's the carrot?

ESTRAGON

It's a carrot.

VLADIMIR

Tant mieux, tant mieux. *[Un temps.]* Qu'est-ce que tu voulais savoir?

ESTRAGON

Je ne me rappelle plus. *[Il mâche.]* C'est ça qui m'embête. *[Il regarde la carotte avec appréciation, la fait tourner en l'air du bout des doigts.]* Délicieuse, ta carotte. *[Il en suce méditativement le bout.]* Attends, ça me revient. *[Il arrache une bouchée.]*

VLADIMIR

Alors?

ESTRAGON

[la bouche pleine, distraitement] On n'est pas liés?

VLADIMIR

Je n'entends rien.

ESTRAGON

[mâche, avale] Je demande si on est liés.

VLADIMIR

Liés?

ESTRAGON

Li-és.

VLADIMIR

Comment, liés?

ESTRAGON

Pieds et poings.

VLADIMIR

Mais à qui? Par qui?

VLADIMIR

So much the better, so much the better. *[Pause.]* What was it you wanted to know?

ESTRAGON

I've forgotten. *[Chews.]* That's what annoys me. *[He looks at the carrot appreciatively, dangles it between finger and thumb.]* I'll never forget this carrot. *[He sucks the end of it meditatively.]* Ah yes, now I remember.

VLADIMIR

Well?

ESTRAGON

[his mouth full, vacuously] We're not tied?

VLADIMIR

I don't hear a word you're saying.

ESTRAGON

[chews, swallows] I'm asking you if we're tied.

VLADIMIR

Tied?

ESTRAGON

Ti-ed.

VLADIMIR

How do you mean tied?

ESTRAGON

Down.

VLADIMIR

But to whom? By whom?

ESTRAGON

A ton bonhomme.

VLADIMIR

A Godot? Liés à Godot? Quelle idée? Jamais de la vie!
[Un temps.] Pas encore. *[Il ne fait pas la liaison.]*

ESTRAGON

Il s'appelle Godot?

VLADIMIR

Je crois.

ESTRAGON

Tiens! *[Il soulève le restant de carotte par le bout de fane et le fait tourner devant ses yeux.]* C'est curieux, plus on va, moins c'est bon.

VLADIMIR

Pour moi c'est le contraire.

ESTRAGON

C'est-à-dire?

VLADIMIR

Je me fais au goût au fur et à mesure.

ESTRAGON

[ayant longuement réfléchi]. C'est ça, le contraire?

VLADIMIR

Question de tempérament.

ESTRAGON

De caractère.

VLADIMIR

On n'y peut rien.

ESTRAGON

To your man.

VLADIMIR

To Godot? Tied to Godot! What an idea! No question of it.
[Pause.] For the moment.

ESTRAGON

His name is Godot?

VLADIMIR

I think so.

ESTRAGON

Fancy that. *[He raises what remains of the carrot by the stub of leaf, twirls it before his eyes.]* Funny, the more you eat the worse it gets.

VLADIMIR

With me it's just the opposite.

ESTRAGON

In other words?

VLADIMIR

I get used to the muck as I go along.

ESTRAGON

[after prolonged reflection] Is that the opposite?

VLADIMIR

Question of temperament.

ESTRAGON

Of character.

VLADIMIR

Nothing you can do about it.

ESTRAGON

On a beau se démener.

VLADIMIR

On reste ce qu'on est.

ESTRAGON

On a beau se tortiller.

VLADIMIR

Le fond ne change pas.

ESTRAGON

Rien à faire. *[Il tend le restant de carotte à Vladimir.]* Veux-tu
la finir?

*Un cri terrible retentit, tout proche. Estragon lâche la carotte. Ils se
figent, puis se précipitent vers la coulisse. Estragon s'arrête à mi-chemin,
retourne sur ses pas, ramasse la carotte, la fourre dans sa poche, s'élance
vers Vladimir qui l'attend, s'arrête à nouveau, retourne sur ses pas,
ramasse sa chaussure, puis court rejoindre Vladimir. Enlacés, la tête dans
les épaules, se détournant de la menace, ils attendent.*

*Entrent Pozzo et Lucky. Celui-là dirige celui-ci au moyen d'une corde
passée autour du cou, de sorte qu'on ne voit d'abord que Lucky suivi
de la corde, assez longue pour qu'il puisse arriver au milieu du plateau
avant que Pozzo débouche de la coulisse. Lucky porte une lourde valise,
un siège pliant, un panier à provisions et un manteau (sur le bras);
Pozzo un fouet.*

POZZO

[en coulisse] Plus vite! *[Bruit de fouet. Pozzo paraît. Ils traversent
la scène. Lucky passe devant Vladimir et Estragon et sort. Pozzo,
ayant vu Vladimir et Estragon, s'arrête. La corde se tend. Pozzo tire
violemment dessus.]* Arrière! *[Bruit de chute. C'est Lucky qui tombe
avec tout son chargement. Vladimir et Estragon le regardent, par-
tagés entre l'envie d'aller à son secours et la peur de se mêler de ce*

ESTRAGON
   No use struggling.

VLADIMIR
   One is what one is.

ESTRAGON
   No use wriggling.

VLADIMIR
   The essential doesn't change.

ESTRAGON
   Nothing to be done. *[He proffers the remains of the carrot to Vladimir.]* Like to finish it?

A terrible cry, close at hand. Estragon drops the carrot. They remain motionless, then together make a sudden rush towards the wings. Estragon stops halfway, runs back, picks up the carrot, stuffs it in his pocket, runs to rejoin Vladimir who is waiting for him, stops again, runs back, picks up his boot, runs to rejoin Vladimir. Huddled together, shoulders hunched, cringing away from the menace, they wait.

Enter Pozzo and Lucky. Pozzo drives Lucky by means of a rope passed round his neck, so that Lucky is the first to enter, followed by the rope which is long enough to let him reach the middle of the stage before Pozzo appears. Lucky carries a heavy bag, a folding stool, a picnic basket and a greatcoat, Pozzo a whip.

POZZO
   [off] On! *[Crack of whip. Pozzo appears. They cross the stage. Lucky passes before Vladimir and Estragon and exit. Pozzo at the sight of Vladimir and Estragon stops short. The rope tautens. Pozzo jerks at it violently.]* Back!

Noise of Lucky falling with all his baggage. Vladimir and Estragon turn towards him, half wishing half fearing to go to his assistance.

qui ne les regarde pas. Vladimir fait un pas vers Lucky, Estragon le retient par la manche.]

VLADIMIR
Lâche-moi!

ESTRAGON
Reste tranquille.

POZZO
Attention! Il est méchant. *[Estragon et Vladimir le regardent.]* Avec les étrangers.

ESTRAGON
[bas] C'est lui?

VLADIMIR
Qui?

ESTRAGON
Voyons . . .

VLADIMIR
Godot?

ESTRAGON
Voilà.

POZZO
Je me présente: Pozzo.

VLADIMIR
Mais non.

ESTRAGON
Il a dit Godot.

Vladimir takes a step towards Lucky, Estragon holds him back by the sleeve.

VLADIMIR
Let me go!

ESTRAGON
Stay where you are!

POZZO
Be careful! He's wicked. *[Vladimir and Estragon turn towards Pozzo.]* With strangers.

ESTRAGON
[undertone] Is that him?

VLADIMIR
Who?

ESTRAGON
[trying to remember the name] Er . . .

VLADIMIR
Godot?

ESTRAGON
Yes.

POZZO
I present myself: Pozzo.

VLADIMIR
[to Estragon] Not at all!

ESTRAGON
He said Godot.

VLADIMIR
   Mais non.

ESTRAGON
   [à Pozzo] Vous n'êtes pas monsieur Godot, monsieur?

POZZO
   [d'une voix terrible] Je suis Pozzo! *[Silence.]* Ce nom ne vous dit
   rien? *[Silence.]* Je vous demande si ce nom ne vous dit rien?

Vladimir et Estragon s'interrogent du regard.

ESTRAGON
   [faisant semblant de chercher] Bozzo . . . Bozzo . . .

VLADIMIR
   [de même] Pozzo . . .

POZZO
   Pppozzo!

ESTRAGON
   Ah! Pozzo . . . voyons . . . Pozzo . . .

VLADIMIR
   C'est Pozzo ou Bozzo?

ESTRAGON
   Pozzo . . . non, je ne vois pas.

VLADIMIR
   [conciliant] J'ai connu une famille Gozzo. La mère brodait au
   tambour.

Pozzo avance, menaçant.

VLADIMIR
  Not at all!

ESTRAGON
  [timidly, to Pozzo] You're not Mr. Godot, Sir?

POZZO
  [terrifying voice] I am Pozzo! *[Silence.]* Pozzo! *[Silence.]* Does that
  name mean nothing to you? *[Silence.]* I say does that name mean
  nothing to you?

Vladimir and Estragon look at each other questioningly.

ESTRAGON
  [pretending to search] Bozzo . . . Bozzo . . .

VLADIMIR
  [ditto] Pozzo . . . Pozzo . . .

POZZO
  PPPOZZZO!

ESTRAGON
  Ah! Pozzo . . . let me see . . . Pozzo . . .

VLADIMIR
  Is it Pozzo or Bozzo?

ESTRAGON
  Pozzo . . . no . . . I'm afraid I . . . no . . . I don't seem to . . .

Pozzo advances threateningly.

VLADIMIR
  [conciliating] I once knew a family called Gozzo. The mother
  had the clap.

ESTRAGON

[*vivement*] Nous ne sommes pas d'ici, monsieur.

POZZO

[*s'arrêtant*] Vous êtes bien des êtres humains cependant. [*Il met ses lunettes.*] A ce que je vois. [*Il enlève ses lunettes.*] De la même espèce que moi. [*Il éclate d'un rire énorme.*] De la même espèce que Pozzo! D'origine divine!

VLADIMIR

C'est-à-dire . . .

POZZO

[*tranchant*] Qui est Godot?

ESTRAGON

Godot?

POZZO

Vous m'avez pris pour Godot.

VLADIMIR

Oh non, monsieur, pas un seul instant, monsieur.

POZZO

Qui est-ce?

VLADIMIR

Eh bien, c'est un . . . c'est une connaissance.

ESTRAGON

Mais non, voyons, on le connaît à peine.

VLADIMIR

Evidemment . . . on ne le connaît pas très bien . . . mais tout de même . . .

ESTRAGON

[hastily] We're not from these parts, Sir.

POZZO

[halting] You are human beings none the less. *[He puts on his glasses.]* As far as one can see. *[He takes off his glasses.]* Of the same species as myself. *[He bursts into an enormous laugh.]* Of the same species as Pozzo! Made in God's image!

VLADIMIR

Well you see—

POZZO

[peremptory] Who is Godot?

ESTRAGON

Godot?

POZZO

You took me for Godot.

VLADIMIR

Oh no, Sir, not for an instant, Sir.

POZZO

Who is he?

VLADIMIR

Oh he's a . . . he's a kind of acquaintance.

ESTRAGON

Nothing of the kind, we hardly know him.

VLADIMIR

True . . . we don't know him very well . . . but all the same . . .

ESTRAGON

Pour ma part je ne le reconnaîtrais même pas.

POZZO

Vous m'avez pris pour lui.

ESTRAGON

C'est-à-dire . . . l'obscurité . . . la fatigue . . . la faiblesse . . . l'attente . . . j'avoue . . . j'ai cru . . . un instant . . .

VLADIMIR

Ne l'écoutez pas, monsieur, ne l'écoutez pas!

POZZO

L'attente? Vous l'attendiez donc?

VLADIMIR

C'est-à-dire . . .

POZZO

Ici? Sur mes terres?

VLADIMIR

On ne pensait pas à mal.

ESTRAGON

C'était dans une bonne intention.

POZZO

La route est à tout le monde.

VLADIMIR

C'est ce qu'on se disait.

POZZO

C'est une honte, mais c'est ainsi.

ESTRAGON

Personally, I wouldn't even know him if I saw him.

POZZO

You took me for him.

ESTRAGON

[recoiling before Pozzo] That's to say . . . you understand . . . the
dusk . . . the strain . . . waiting . . . I confess . . . I imagined . . .
for a second . . .

POZZO

Waiting? So you were waiting for him?

VLADIMIR

Well you see—

POZZO

Here? On my land?

VLADIMIR

We didn't intend any harm.

ESTRAGON

We meant well.

POZZO

The road is free to all.

VLADIMIR

That's how we looked at it.

POZZO

It's a disgrace. But there you are.

ESTRAGON

On n'y peut rien.

POZZO

[d'un geste large] Ne parlons plus de ça. *[Il tire sur la corde.]*
Debout! *[Un temps.]* Chaque fois qu'il tombe il s'endort. *[Il tire
sur la corde.]* Debout, charogne! *[Bruit de Lucky qui se relève et
ramasse ses affaires. Pozzo tire sur la corde.]* Arrière! *[Lucky entre
à reculons.]* Arrêt! *[Lucky s'arrête.]* Tourne! *[Lucky se retourne. A
Vladimir et Estragon, affablement.]* Mes amis, je suis heureux de
vous avoir rencontrés. *[Devant leur expression incrédule.]* Mais
oui, sincèrement heureux. *[Il tire sur la corde.]* Plus près! *[Lucky
avance.]* Arrêt! *[Lucky s'arrête. A Vladimir et Estragon.]* Voyez-
vous, la route est longue quand on chemine tout seul pendant
. . . *[il regarde sa montre]* . . . pendant *[il calcule]* . . . six heures,
oui, c'est bien ça, six heures à la file, sans rencontrer âme qui
vive. *[A Lucky.]* Manteau! *[Lucky dépose la valise, avance, donne
le manteau, recule, reprend la valise.]* Tiens ça. *[Pozzo lui tend le
fouet, Lucky avance et, n'ayant plus de mains, se penche et prend
le fouet entre ses dents, puis recule. Pozzo commence a mettre son
manteau, s'arrête.]* Manteau! *[Lucky dépose tout, avance, aide
Pozzo à mettre son manteau, recule, reprend tout.]* Le fond de l'air
est frais. *[Il finit de boutonner son manteau, se penche, s'inspecte,
se relève.]* Fouet! *[Lucky avance, se penche, Pozzo lui arrache le
fouet de la bouche, Lucky recule.]* Voyez-vous, mes amis, je ne
peux me passer longtemps de la société de mes semblables, *[il
regarde les deux semblables]* même quand ils ne me ressemblent
qu'imparfaitement. *[A Lucky.]* Pliant! *[Lucky dépose valise et
panier, avance, ouvre le pliant, le pose par terre, recule, reprend
valise et panier. Pozzo regarde le pliant.]* Plus près! *[Lucky dépose
valise et panier, avance, déplace le pliant, recule, reprend valise et
panier. Pozzo s'assied, pose le bout de son fouet contre la poitrine
de Lucky et pousse.]* Arrière! *[Lucky recule.]* Encore. *[Lucky recule
encore.]* Arrêt! *[Lucky s'arrête. A Vladimir et Estragon.]* C'est
pourquoi, avec votre permission, je m'en vais rester un moment
auprès de vous, avant de m'aventurer plus avant. *[A Lucky.]*
Panier! *[Lucky avance, donne le panier, recule.]* Le grand air, ça

ESTRAGON

Nothing we can do about it.

POZZO

[with magnanimous gesture] Let's say no more about it. *[He jerks the rope.]* Up pig! *[Pause.]* Every time he drops he falls asleep. *[Jerks the rope.]* Up hog! *[Noise of Lucky getting up and picking up his baggage. Pozzo jerks the rope.]* Back! *[Enter Lucky backwards.]* Stop! *[Lucky stops.]* Turn! *[Lucky turns. To Vladimir and Estragon, affably.]* Gentlemen, I am happy to have met you. *[Before their incredulous expression.]* Yes yes, sincerely happy. *[He jerks the rope.]* Closer! *[Lucky advances.]* Stop! *[Lucky stops.]* Yes, the road seems long when one journeys all alone for . . . *[he consults his watch]* . . . yes . . . *[he calculates]* . . . yes, six hours, that's right, six hours on end, and never a soul in sight. *[To Lucky.]* Coat! *[Lucky puts down the bag, advances, gives the coat, goes back to his place, takes up the bag.]* Hold that! *[Pozzo holds out the whip. Lucky advances and, both his hands being occupied, takes the whip in his mouth, then goes back to his place. Pozzo begins to put on his coat, stops.]* Coat! *[Lucky puts down the bag, basket and stool, helps Pozzo on with his coat, goes back to his place and takes up bag, basket and stool.]* Touch of autumn in the air this evening. *[Pozzo finishes buttoning up his coat, stoops, inspects himself, straightens up.]* Whip! *[Lucky advances, stoops, Pozzo snatches the whip from his mouth, Lucky goes back to his place.]* Yes, gentlemen, I cannot go for long without the society of my likes *[he puts on his glasses and looks at the two likes]* even when the likeness is an imperfect one. *[He takes off his glasses.]* Stool! *[Lucky puts down bag and basket, advances, opens stool, puts it down, goes back to his place, takes up bag and basket.]* Closer! *[Lucky puts down bag and basket, advances, moves stool, goes back to his place, takes up bag and basket. Pozzo sits down, places the butt of his whip against Lucky's chest and pushes.]* Back! *[Lucky takes a step back.]* Further! *[Lucky takes another step back.]* Stop! *[Lucky stops. To Vladimir and Estragon.]* That is why, with your permission, I propose to dally with you a moment, before I venture any further. Basket! *[Lucky advances, gives the basket, goes back to his place.]* The fresh air stimulates

creuse. *[Il ouvre le panier, en retire un morceau de poulet, un morceau de pain et une bouteille de vin. A Lucky.]* Panier! *[Lucky avance, prend le panier, recule, s'immobilise.]* Plus loin! *[Lucky recule.]* Là! *[Lucky s'arrête.]* Il pue. *[Il boit une rasade à même le goulot.]* A la bonne nôtre. *[Il dépose la bouteille et se met à manger.]*

Silence. Estragon et Vladimir, s'enhardissant peu à peu, tournent autour de Lucky, l'inspectent sur toutes les coutures. Pozzo mord dans son poulet avec voracité, jette les os après les avoir sucés. Lucky ploie lentement, jusqu'à ce que la valise frôle le sol, se redresse brusquement, recommence à ployer. Rythme de celui qui dort debout.

ESTRAGON

Qu'est-ce qu'il a?

VLADIMIR

Il a l'air fatigué.

ESTRAGON

Pourquoi ne dépose-t-il pas ses bagages?

VLADIMIR

Est-ce que je sais? *[Ils le serrent de plus près.]* Attention!

ESTRAGON

Si on lui parlait?

VLADIMIR

Regarde-moi ça!

ESTRAGON

Quoi?

VLADIMIR

[indiquant] Le cou.

the jaded appetite. *[He opens the basket, takes out a piece of chicken and a bottle of wine.]* Basket! *[Lucky advances, picks up the basket and goes back to his place.]* Further! *[Lucky takes a step back.]* He stinks. Happy days!

He drinks from the bottle, puts it down and begins to eat. Silence. Vladimir and Estragon, cautiously at first, then more boldly, begin to circle about Lucky, inspecting him up and down. Pozzo eats his chicken voraciously, throwing away the bones after having sucked them. Lucky sags slowly, until bag and basket touch the ground, then straightens up with a start and begins to sag again. Rhythm of one sleeping on his feet.

ESTRAGON
What ails him?

VLADIMIR
He looks tired.

ESTRAGON
Why doesn't he put down his bags?

VLADIMIR
How do I know? *[They close in on him.]* Careful!

ESTRAGON
Say something to him.

VLADIMIR
Look!

ESTRAGON
What?

VLADIMIR
[pointing] His neck!

ESTRAGON

    [regardant le cou] Je ne vois rien.

VLADIMIR

    Mets-toi ici.

Estragon se met à la place de Vladimir.

ESTRAGON

    En effet.

VLADIMIR

    A vif.

ESTRAGON

    C'est la corde.

VLADIMIR

    A force de frotter.

ESTRAGON

    Qu'est-ce que tu veux.

VLADIMIR

    C'est le nœud.

ESTRAGON

    C'est fatal.

Ils reprennent leur inspection, s'arrêtent au visage.

VLADIMIR

    Il n'est pas mal.

ESTRAGON

    [levant les épaules, faisant la moue] Tu trouves?

ESTRAGON
[looking at the neck] I see nothing.

VLADIMIR
Here.

Estragon goes over beside Vladimir.

ESTRAGON
Oh I say!

VLADIMIR
A running sore!

ESTRAGON
It's the rope.

VLADIMIR
It's the rubbing.

ESTRAGON
It's inevitable.

VLADIMIR
It's the knot.

ESTRAGON
It's the chafing.

They resume their inspection, dwell on the face.

VLADIMIR
[grudgingly] He's not bad looking.

ESTRAGON
[shrugging his shoulders, wry face] Would you say so?

VLADIMIR
Un peu efféminé.

ESTRAGON
Il bave.

VLADIMIR
C'est forcé.

ESTRAGON
Il écume.

VLADIMIR
C'est peut-être un idiot.

ESTRAGON
Un crétin.

VLADIMIR
[avançant la tête] On dirait un goitre.

ESTRAGON
[même jeu] Ce n'est pas sûr.

VLADIMIR
Il halète.

ESTRAGON
C'est normal.

VLADIMIR
Et ses yeux!

ESTRAGON
Qu'est-ce qu'ils ont?

VLADIMIR
Ils sortent.

VLADIMIR
  A trifle effeminate.

ESTRAGON
  Look at the slobber.

VLADIMIR
  It's inevitable.

ESTRAGON
  Look at the slaver.

VLADIMIR
  Perhaps he's a halfwit.

ESTRAGON
  A cretin.

VLADIMIR
  [looking closer] Looks like a goiter.

ESTRAGON
  [ditto] It's not certain.

VLADIMIR
  He's panting.

ESTRAGON
  It's inevitable.

VLADIMIR
  And his eyes!

ESTRAGON
  What about them?

VLADIMIR
  Goggling out of his head.

81

ESTRAGON

Pour moi, il est en train de crever.

VLADIMIR

Ce n'est pas sûr. *[Un temps.]* Pose-lui une question.

ESTRAGON

Tu crois?

VLADIMIR

Qu'est-ce qu'on risque?

ESTRAGON

[timidement] Monsieur . . .

VLADIMIR

Plus fort.

ESTRAGON

[plus fort] Monsieur . . .

POZZO

Foutez-lui la paix! *[Ils se tournent vers Pozzo qui, ayant fini de manger, s'essuie la bouche du revers de la main.]* Vous ne voyez pas qu'il veut se reposer? *[Il sort sa pipe et commence à la bourrer. Estragon remarque les os de poulet par terre, les fixe avec avidité. Pozzo frotte une allumette et commence à allumer sa pipe.]* Panier! *[Lucky ne bougeant pas, Pozzo jette l'allumette avec emportement et tire sur la corde.]* Panier! *[Lucky manque de tomber, revient à lui, avance, met la bouteille dans le panier, retourne à sa place, reprend son attitude. Estragon fixe les os, Pozzo frotte une seconde allumette et allume sa pipe.]* Que voulez-vous, ce n'est pas son travail. *[Il aspire une bouffée, allonge les jambes.]* Ah! ça va mieux.

ESTRAGON

[timidement] Monsieur . . .

ESTRAGON

Looks at his last gasp to me.

VLADIMIR

It's not certain. *[Pause.]* Ask him a question.

ESTRAGON

Would that be a good thing?

VLADIMIR

What do we risk?

ESTRAGON

[timidly] Mister . . .

VLADIMIR

Louder.

ESTRAGON

[louder] Mister . . .

POZZO

Leave him in peace! *[They turn towards Pozzo who, having finished eating, wipes his mouth with the back of his hand.]* Can't you see he wants to rest? Basket! *[He strikes a match and begins to light his pipe. Estragon sees the chicken bones on the ground and stares at them greedily. As Lucky does not move Pozzo throws the match angrily away and jerks the rope.]* Basket! *[Lucky starts, almost falls, recovers his senses, advances, puts the bottle in the basket and goes back to his place. Estragon stares at the bones. Pozzo strikes another match and lights his pipe.]* What can you expect, it's not his job. *[He pulls at his pipe, stretches out his legs.]* Ah! That's better.

ESTRAGON

[timidly] Please Sir . . .

POZZO

Qu'est-ce que c'est, mon brave?

ESTRAGON

Heu . . . vous ne mangez pas . . . heu . . . vous n'avez plus besoin . . . des os . . . monsieur?

VLADIMIR

[outré] Tu ne pouvais pas attendre?

POZZO

Mais non, mais non, c'est tout naturel. Si j'ai besoin des os? *[Il les remue du bout de son fouet.]* Non, personnellement je n'en ai plus besoin. *[Estragon fait un pas vers les os.]* Mais . . . *[Estragon s'arrête]* mais en principe les os reviennent au porteur. C'est donc à lui qu'il faut demander. *[Estragon se tourne vers Lucky, hésite.]* Mais demandez-lui, demandez-lui, n'ayez pas peur, il vous le dira.

Estragon va vers Lucky, s'arrête devant lui.

ESTRAGON

Monsieur . . . pardon, monsieur . . .

Lucky ne réagit pas. Pozzo fait claquer son fouet. Lucky relève la tête.

POZZO

On te parle, porc. Réponds. *[A Estragon.]* Allez-y.

ESTRAGON

Pardon, monsieur, les os, vous les voulez?

Lucky regarde Estragon longuement.

POZZO

[aux anges] Monsieur! *[Lucky baisse la tête.]* Réponds! Tu les veux ou tu ne les veux pas? *[Silence de Lucky. A Estragon.]* Ils sont à vous. *[Estragon se jette sur les os, les ramasse et commence à les ronger.]* C'est pourtant bizarre. C'est bien la première fois qu'il me

POZZO

What is it, my good man?

ESTRAGON

Er . . . you've finished with the . . . er . . . you don't need the
. . . er . . . bones, Sir?

VLADIMIR

[scandalized] You couldn't have waited?

POZZO

No no, he does well to ask. Do I need the bones? *[He turns
them over with the end of his whip.]* No, personally I do not need
them any more. *[Estragon takes a step towards the bones.]* But
. . . *[Estragon stops short.]* . . . but in theory the bones go to the
carrier. He is therefore the one to ask. *[Estragon turns towards
Lucky, hesitates.]* Go on, go on, don't be afraid, ask him, he'll tell
you.

Estragon goes towards Lucky, stops before him.

ESTRAGON

Mister . . . excuse me, Mister . . .

POZZO

You're being spoken to, pig! Reply! *[To Estragon.]* Try him again.

ESTRAGON

Excuse me, Mister, the bones, you won't be wanting the bones?

Lucky looks long at Estragon.

POZZO

[in raptures] Mister! *[Lucky bows his head.]* Reply! Do you want
them or don't you? *[Silence of Lucky. To Estragon.]* They're yours.
*[Estragon makes a dart at the bones, picks them up and begins to
gnaw them.]* I don't like it. I've never known him refuse a bone

refuse un os. *[Il regarde Lucky avec inquiétude.]* J'espère qu'il ne va pas me faire la blague de tomber malade. *[Il tire sur sa pipe.]*

VLADIMIR
[éclatant] C'est une honte!

Silence. Estragon, stupéfait, s'arrête de ronger, regarde Vladimir et Pozzo tour à tour. Pozzo très calme. Vladimir de plus en plus gêné.

POZZO
[à Vladimir] Faites-vous allusion à quelque chose de particulier?

VLADIMIR
[résolu et bafouillant] Traiter un homme *[geste vers Lucky]* de cette façon . . . je trouve ça . . . un être humain . . . non . . . c'est une honte!

ESTRAGON
[ne voulant pas être en reste] Un scandale! *[Il se remet à ronger.]*

POZZO
Vous êtes sévères. *[A Vladimir.]* Quel âge avez-vous, sans indis-crétion? *[Silence.]* Soixante? . . . Soixante-dix? . . . *[A Estragon.]* Quel âge peut-il bien avoir?

ESTRAGON
Demandez-lui.

POZZO
Je suis indiscret. *[Il vide sa pipe en la tapant contre son fouet, se lève.]* Je vais vous quitter. Merci de m'avoir tenu compagnie. *[Il réfléchit.]* A moins que je ne fume encore une pipe avec vous. Qu'en dites-vous? *[Ils n'en disent rien.]* Oh, je ne suis qu'un petit fumeur, un tout petit fumeur, il n'est pas dans mes habitudes de fumer deux pipes coup sur coup, ça *[il porte sa main au cœur]* fait battre mon cœur. *[Un temps.]* C'est la nicotine, on en absorbe, malgré ses précautions. *[Il soupire.]* Que voulez-vous. *[Silence.]* Mais peut-être que vous n'êtes pas des fumeurs. Si? Non? Enfin,

before. *[He looks anxiously at Lucky.]* Nice business it'd be
if he fell sick on me! *[He puffs at his pipe.]*

VLADIMIR

[exploding] It's a scandal!

*Silence. Flabbergasted, Estragon stops gnawing, looks at Pozzo and
Vladimir in turn. Pozzo outwardly calm. Vladimir embarrassed.*

POZZO

[to Vladimir] Are you alluding to anything in particular?

VLADIMIR

[stutteringly resolute] To treat a man . . . *[gesture towards Lucky]*
. . . like that . . . I think that . . . no . . . a human being . . .
no . . . it's a scandal!

ESTRAGON

[not to be outdone] A disgrace! *[He resumes his gnawing.]*

POZZO

You are severe. *[To Vladimir.]* What age are you, if it's not a
rude question? *[Silence.]* Sixty? Seventy? *[To Estragon.]* What age
would you say he was?

ESTRAGON

Eleven.

POZZO

I am impertinent. *[He knocks out his pipe against the whip, gets
up.]* I must be getting on. Thank you for your society. *[He
reflects.]* Unless I smoke another pipe before I go. What do you
say? *[They say nothing.]* Oh I'm only a small smoker, a very
small smoker, I'm not in the habit of smoking two pipes one
on top of the other, it makes *[hand to heart, sighing]* my heart
go pit-a-pat. *[Silence.]* It's the nicotine, one absorbs it in spite
of one's precautions. *[Sighs.]* You know how it is. *[Silence.]*
But perhaps you don't smoke? Yes? No? It's of no importance.

c'est un détail. *[Silence.]* Mais comment me rasseoir maintenant avec naturel, maintenant que je me suis mis debout? Sans avoir l'air de—comment dire—de fléchir? *[A Vladimir.]* Vous dites? *[Silence.]* Peut-être n'avez-vous rien dit? *[Silence.]* C'est sans importance. Voyons . . . *[Il réfléchit.]*

ESTRAGON
Ah! Ça va mieux. *[Il jette les os.]*

VLADIMIR
Partons.

ESTRAGON
Déjà?

POZZO
Un instant! *[Il tire sur la corde.]* Pliant! *[Il montre avec son fouet. Lucky déplace le pliant.]* Encore! Là! *[Il se rassied. Lucky recule, reprend valise et panier.]* Me voilà réinstallé! *[Il commence à bourrer sa pipe.]*

VLADIMIR
Partons.

POZZO
J'espère que ce n'est pas moi qui vous chasse? Restez encore un peu, vous ne le regretterez pas.

ESTRAGON
[flairant l'aumône] Nous avons le temps.

POZZO
[ayant allumé sa pipe] La deuxième est toujours moins bonne *[il enlève la pipe de sa bouche, la contemple]* que la première, je veux dire. *[Il remet la pipe dans sa bouche.]* Mais elle est bonne quand même.

[Silence.] But how am I to sit down now, without affectation, now that I have risen? Without appearing to—how shall I say— without appearing to falter. *[To Vladimir.]* I beg your pardon? *[Silence.]* Perhaps you didn't speak? *[Silence.]* It's of no importance. Let me see . . . *[He reflects.]*

ESTRAGON
Ah! That's better. *[He puts the bones in his pocket.]*

VLADIMIR
Let's go.

ESTRAGON
So soon?

POZZO
One moment! *[He jerks the rope.]* Stool! *[He points with his whip. Lucky moves the stool.]* More! There! *[He sits down. Lucky goes back to his place.]* Done it! *[He fills his pipe.]*

VLADIMIR
[vehemently] Let's go!

POZZO
I hope I'm not driving you away. Wait a little longer, you'll never regret it.

ESTRAGON
[scenting charity] We're in no hurry.

POZZO
[having lit his pipe] The second is never so sweet . . . *[he takes the pipe out of his mouth, contemplates it]* . . . as the first I mean. *[He puts the pipe back in his mouth.]* But it's sweet just the same.

VLADIMIR

Je m'en vais.

POZZO

Il ne peut plus supporter ma présence. Je suis sans doute peu
humain, mais est-ce une raison? *[A Vladimir.]* Réfléchissez,
avant de commettre une imprudence. Mettons que vous partiez
maintenant, pendant qu'il fait encore jour, car malgré tout il fait
encore jour. *[Tous les trois regardent le ciel.]* Bon. Que devient en
ce cas—*[il ôte sa pipe de la bouche, la regarde]*—je suis éteint—*[il
rallume sa pipe]*—en ce cas . . . en ce cas . . . que devient en ce
cas votre rendez-vous avec ce . . . Godet . . . Godot . . . Godin
. . . *[silence]* . . . enfin vous voyez qui je veux dire, dont votre avenir dépend *[silence]* . . . enfin votre avenir immédiat.

ESTRAGON

Il a raison.

VLADIMIR

Comment le saviez-vous?

POZZO

Voilà qu'il m'adresse à nouveau la parole! Nous finirons par nous
prendre en affection.

ESTRAGON

Pourquoi ne dépose-t-il pas ses bagages?

POZZO

Moi aussi je serais heureux de le rencontrer. Plus je rencontre de
gens, plus je suis heureux. Avec la moindre créature on s'instruit,
on s'enrichit, on goûte mieux son bonheur. Vous-mêmes *[il
les regarde attentivement l'un après l'autre, afin qu'ils se sachent
visés tous les deux]* vous-mêmes, qui sait, vous m'aurez peut-être
apporté quelque chose.

ESTRAGON

Pourquoi ne dépose-t-il pas ses bagages?

VLADIMIR

I'm going.

POZZO

He can no longer endure my presence. I am perhaps not particularly human, but who cares? *[To Vladimir.]* Think twice before you do anything rash. Suppose you go now while it is still day, for there is no denying it is still day. *[They all look up at the sky.]* Good. *[They stop looking at the sky.]* What happens in that case—*[he takes the pipe out of his mouth, examines it]*—I'm out—*[he relights his pipe]*—in that case—*[puff]*—in that case—*[puff]*—what happens in that case to your appointment with this . . . Godet . . . Godot . . . Godin . . . anyhow you see who I mean, who has your future in his hands . . . *[pause]* . . . at least your immediate future?

VLADIMIR

Who told you?

POZZO

He speaks to me again! If this goes on much longer we'll soon be old friends.

ESTRAGON

Why doesn't he put down his bags?

POZZO

I too would be happy to meet him. The more people I meet the happier I become. From the meanest creature one departs wiser, richer, more conscious of one's blessings. Even you . . . *[he looks at them ostentatiously in turn to make it clear they are both meant]* . . . even you, who knows, will have added to my store.

ESTRAGON

Why doesn't he put down his bags?

POZZO

Mais ça m'étonnerait.

VLADIMIR

On vous pose une question.

POZZO

[ravi] Une question? Qui? Laquelle? *[Silence.]* Tout à l'heure vous me disiez Monsieur, en tremblant. Maintenant vous me posez des questions. Ça va mal finir.

VLADIMIR

[à Estragon] Je crois qu'il t'écoute.

ESTRAGON

[qui s'est remis à tourner autour de Lucky] Quoi?

VLADIMIR

Tu peux lui demander maintenant. Il est alerté.

ESTRAGON

Lui demander quoi?

VLADIMIR

Pourquoi il ne dépose pas ses bagages.

ESTRAGON

Je me le demande.

VLADIMIR

Mais demande-lui, voyons.

POZZO

[qui a suivi ses échanges avec une attention anxieuse, craignant que la question ne se perde] Vous me demandez pourquoi il ne dépose pas ses bagages, comme vous dites?

VLADIMIR

Voilà.

POZZO

But that would surprise me.

VLADIMIR

You're being asked a question.

POZZO

[delighted] A question! Who? What? A moment ago you were calling me Sir, in fear and trembling. Now you're asking me questions. No good will come of this!

VLADIMIR

[to Estragon] I think he's listening.

ESTRAGON

[circling about Lucky] What?

VLADIMIR

You can ask him now. He's on the alert.

ESTRAGON

Ask him what?

VLADIMIR

Why he doesn't put down his bags.

ESTRAGON

I wonder.

VLADIMIR

Ask him, can't you?

POZZO

[who has followed these exchanges with anxious attention, fearing lest the question get lost] You want to know why he doesn't put down his bags, as you call them.

VLADIMIR

That's it.

POZZO

[à Estragon] Vous êtes bien d'accord?

ESTRAGON

[continuant à tourner autour de Lucky] Il souffle comme un phoque.

POZZO

Je vais vous répondre. *[A Estragon.]* Mais restez tranquille, je vous en supplie, vous me rendez nerveux.

VLADIMIR

Viens ici.

ESTRAGON

Qu'est-ce qu'il y a?

VLADIMIR

Il va parler.

Immobiles, l'un contre l'autre, ils attendent.

POZZO

C'est parfait. Tout le monde y est? Tout le monde me regarde? *[Il regarde Lucky, tire sur la corde. Lucky lève la tête.]* Regarde-moi, porc! *[Lucky le regarde.]* Parfait. *[Il met la pipe dans sa poche, sort un petit vaporisateur et se vaporise la gorge, remet le vaporisateur dans sa poche, se râcle la gorge, crache, ressort le vaporisateur, se revaporise la gorge, remet le vaporisateur dans sa poche.]* Je suis prêt. Tout le monde m'écoute? *[Il regarde Lucky, tire sur la corde.]* Avance! *[Lucky avance.]* Là! *[Lucky s'arrête.]* Tout le monde est prêt? *[Il les regarde tous les trois, Lucky en dernier, tire sur la corde.]* Alors quoi? *[Lucky lève la tête.]* Je n'aime pas parler dans le vide. Bon. Voyons. *[Il réfléchit.]*

ESTRAGON

Je m'en vais.

POZZO

Qu'est-ce que vous m'avez demandé au juste?

POZZO

[to Estragon] You are sure you agree with that?

ESTRAGON

He's puffing like a grampus.

POZZO

The answer is this. [To Estragon.] But stay still, I beg of you, you're making me nervous!

VLADIMIR

Here.

ESTRAGON

What is it?

VLADIMIR

He's about to speak.

Estragon goes over beside Vladimir. Motionless, side by side, they wait.

POZZO

Good. Is everybody ready? Is everybody looking at me? [He looks at Lucky, jerks the rope. Lucky raises his head.] Will you look at me, pig! [Lucky looks at him.] Good. [He puts the pipe in his pocket, takes out a little vaporizer and sprays his throat, puts back the vaporizer in his pocket, clears his throat, spits, takes out the vaporizer again, sprays his throat again, puts back the vaporizer in his pocket.] I am ready. Is everybody listening? Is everybody ready? [He looks at them all in turn, jerks the rope.] Hog! [Lucky raises his head.] I don't like talking in a vacuum. Good. Let me see. [He reflects.]

ESTRAGON

I'm going.

POZZO

What was it exactly you wanted to know?

VLADIMIR
Pourquoi il . . .

POZZO
[*avec colère*] Ne me coupez pas la parole! [*Un temps. Plus calme.*]
Si nous parlons tous en même temps nous n'en sortirons jamais.
[*Un temps.*] Qu'est-ce que je disais? [*Un temps. Plus fort.*]
Qu'est-ce que je disais?

Vladimir mime celui qui porte une lourde charge. Pozzo le regarde sans
comprendre.

ESTRAGON
[*avec force*] Bagages! [*Il pointe son doigt vers Lucky.*] Pourquoi?
Toujours tenir. [*Il fait celui qui ploie, en haletant.*] Jamais déposer.
[*Il ouvre les mains, se redresse avec soulagement.*] Pourquoi?

POZZO
J'y suis. Il fallait me le dire plus tôt. Pourquoi il ne se met pas à
son aise. Essayons d'y voir clair. N'en a-t-il pas le droit? Si. C'est
donc qu'il ne veut pas? Voilà qui est raisonné. Et pourquoi ne
veut-il pas? [*Un temps.*] Messieurs, je vais vous le dire.

VLADIMIR
Attention!

POZZO
C'est pour m'impressionner, pour que je le garde.

ESTRAGON
Comment?

POZZO
Je me suis peut-être mal exprimé. Il cherche à m'apitoyer, pour
que je renonce à me séparer de lui. Non, ce n'est pas tout a fait ça.

VLADIMIR
Vous voulez vous en débarrasser?

VLADIMIR
    Why he—

POZZO
    [angrily] Don't interrupt me! *[Pause. Calmer.]* If we all speak
    at once we'll never get anywhere. *[Pause.]* What was I saying?
    [Pause. Louder.] What was I saying?

*Vladimir mimics one carrying a heavy burden. Pozzo looks at him,
puzzled.*

ESTRAGON
    [forcibly] Bags. *[He points at Lucky.]* Why? Always hold. *[He sags,
    panting.]* Never put down. *[He opens his hands, straightens up
    with relief.]* Why?

POZZO
    Ah! Why couldn't you say so before? Why he doesn't make
    himself comfortable? Let's try and get this clear. Has he not the
    right to? Certainly he has. It follows that he doesn't want to.
    There's reasoning for you. And why doesn't he want to? *[Pause.]*
    Gentlemen, the reason is this.

VLADIMIR
    [to Estragon] Make a note of this.

POZZO
    He wants to impress me, so that I'll keep him.

ESTRAGON
    What?

POZZO
    Perhaps I haven't got it quite right. He wants to mollify me,
    so that I'll give up the idea of parting with him. No, that's not
    exactly it either.

VLADIMIR
    You want to get rid of him?

97

POZZO

Il veut m'avoir, mais il ne m'aura pas.

VLADIMIR

Vous voulez vous en débarrasser?

POZZO

Il s'imagine qu'en le voyant bon porteur je serai tenté de l'employer à l'avenir dans cette capacité.

ESTRAGON

Vous n'en voulez plus?

POZZO

En réalité il porte comme un porc. Ce n'est pas son métier.

VLADIMIR

Vous voulez vous en débarrasser?

POZZO

Il se figure qu'en le voyant infatigable je vais regretter ma décision. Tel est son misérable calcul. Comme si j'étais à court d'hommes de peine! *[Tous les trois regardent Lucky.]* Atlas, fils de Jupiter! *[Silence.]* Et voilà. Je pense avoir répondu à votre question. En avez-vous d'autres? *[Jeu du vaporisateur.]*

VLADIMIR

Vous voulez vous en débarrasser?

POZZO

Remarquez que j'aurais pu être à sa place et lui à la mienne. Si le hasard ne s'y était pas opposé. A chacun son dû.

VLADIMIR

Vous voulez vous en débarrasser?

POZZO

He wants to cod me, but he won't.

VLADIMIR

You want to get rid of him?

POZZO

He imagines that when I see how well he carries I'll be tempted to keep him on in that capacity.

ESTRAGON

You've had enough of him?

POZZO

In reality he carries like a pig. It's not his job.

VLADIMIR

You want to get rid of him?

POZZO

He imagines that when I see him indefatigable I'll regret my decision. Such is his miserable scheme. As though I were short of slaves! *[All three look at Lucky.]* Atlas, son of Jupiter! *[Silence.]* Well, that's that I think. Anything else?

Vaporizer.

VLADIMIR

You want to get rid of him?

POZZO

Remark that I might just as well have been in his shoes and he in mine. If chance had not willed otherwise. To each one his due.

VLADIMIR

You waagerrim?

POZZO

Vous dites?

VLADIMIR

Vous voulez vous en débarrasser?

POZZO

En effet. Mais au lieu de le chasser, comme j'aurais pu, je veux
dire au lieu de le mettre tout simplement à la porte, à coups de
pied dans le cul, je l'emmène, telle est ma bonté, au marché de
Saint-Sauveur, où je compte bien en tirer quelque chose. A vrai
dire, chasser de tels êtres, ce n'est pas possible. Pour bien faire,
il faudrait les tuer.

Lucky pleure.

ESTRAGON

Il pleure.

POZZO

Les vieux chiens ont plus de dignité. *[Il tend son mouchoir
à Estragon.]* Consolez-le, puisque vous le plaignez. *[Estragon
hésite.]* Prenez. *[Estragon prend le mouchoir.]* Essuyez-lui les yeux.
Comme ça il se sentira moins abandonné.

Estragon hésite toujours.

VLADIMIR

Donne, je le ferai, moi.

Estragon ne veut pas donner le mouchoir. Gestes d'enfant.

POZZO

Dépêchez-vous. Bientôt il ne pleurera plus. *[Estragon s'approche
de Lucky et se met en posture de lui essuyer les yeux. Lucky lui
décoche un violent coup de pied dans les tibias. Estragon lâche le
mouchoir, se jette en arrière, fait le tour du plateau en boitant et
en hurlant de douleur.]* Mouchoir. *[Lucky dépose valise et panier,*

POZZO

I beg your pardon?

VLADIMIR

You want to get rid of him?

POZZO

I do. But instead of driving him away as I might have done,
I mean instead of simply kicking him out on his arse, in the
goodness of my heart I am bringing him to the fair, where I
hope to get a good price for him. The truth is you can't drive
such creatures away. The best thing would be to kill them.

Lucky weeps.

ESTRAGON

He's crying!

POZZO

Old dogs have more dignity. *[He proffers his handkerchief to
Estragon.]* Comfort him, since you pity him. *[Estragon hesitates.]*
Come on. *[Estragon takes the handkerchief.]* Wipe away his tears,
he'll feel less forsaken.

Estragon hesitates.

VLADIMIR

Here, give it to me, I'll do it.

Estragon refuses to give the handkerchief. Childish gestures.

POZZO

Make haste, before he stops. *[Estragon approaches Lucky and
makes to wipe his eyes. Lucky kicks him violently in the shins.
Estragon drops the handkerchief, recoils, staggers about the stage
howling with pain.]* Hanky!

ramasse le mouchoir, avance, le donne à Pozzo, recule, reprend valise et panier.]

ESTRAGON

Le salaud! La vache! *[Il relève son pantalon.]* Il m'a estropié!

POZZO

Je vous avais dit qu'il n'aime pas les étrangers.

VLADIMIR

[à Estragon] Fais voir. *[Estragon lui montre sa jambe. A Pozzo, avec colère.]* Il saigne!

POZZO

C'est bon signe.

ESTRAGON

[la jambe blessée en l'air] Je ne pourrai plus marcher!

VLADIMIR

[tendrement] Je te porterai. *[Un temps.]* Le cas échéant.

POZZO

Il ne pleure plus. *[A Estragon.]* Vous l'avez remplacé, en quelque sorte. *[Rêveusement.]* Les larmes du monde sont immuables. Pour chacun qui se met à pleurer, quelque part un autre s'arrête. Il en va de même du rire. *[Il rit.]* Ne disons donc pas de mal de notre époque, elle n'est pas plus malheureuse que les précédentes. *[Silence.]* N'en disons pas de bien non plus. *[Silence.]* N'en parlons pas. *[Silence.]* Il est vrai que la population a augmenté.

VLADIMIR

Essaie de marcher.

Estragon part en boitillant, s'arrête devant Lucky et crache sur lui, puis va s'asseoir là où il était assis au lever du rideau.

Lucky puts down bag and basket, picks up handkerchief and gives it to
Pozzo, goes back to his place, picks up bag and basket.

ESTRAGON

Oh the swine! *[He pulls up the leg of his trousers.]* He's crippled me!

POZZO

I told you he didn't like strangers.

VLADIMIR

[to Estragon] Show. *[Estragon shows his leg. To Pozzo, angrily.]* He's
bleeding!

POZZO

It's a good sign.

ESTRAGON

[on one leg] I'll never walk again!

VLADIMIR

[tenderly] I'll carry you. *[Pause.]* If necessary.

POZZO

He's stopped crying. *[To Estragon.]* You have replaced him as it
were. *[Lyrically.]* The tears of the world are a constant quantity.
For each one who begins to weep, somewhere else another
stops. The same is true of the laugh. *[He laughs.]* Let us not
then speak ill of our generation, it is not any unhappier than
its predecessors. *[Pause.]* Let us not speak well of it either.
[Pause.] Let us not speak of it at all. *[Pause. Judiciously.]* It is true
the population has increased.

VLADIMIR

Try and walk.

Estragon takes a few limping steps, stops before Lucky and spits on him,
then goes and sits down on the mound.

POZZO

Savez-vous qui m'a appris toutes ces belles choses? *[Un temps.*
Dardant son doigt vers Lucky.] Lui!

VLADIMIR

[regardant le ciel] La nuit ne viendra-t-elle donc jamais?

POZZO

Sans lui je n'aurais jamais pensé, jamais senti, que des choses
basses, ayant trait à mon métier de—peu importe. La beauté, la
grâce, la vérité de première classe, je m'en savais incapable. Alors
j'ai pris un knouk.

VLADIMIR

[malgré lui, cessant d'interroger le ciel] Un knouk?

POZZO

Il y aura bientôt soixante ans que ça dure . . . *[il calcule*
mentalement] . . . oui, bientôt soixante. *[Se redressant fièrement.]*
On ne me les donnerait pas, n'est-ce pas? *[Vladimir regarde*
Lucky.] A côté de lui j'ai l'air d'un jeune homme, non? *[Un*
temps. A Lucky.] Chapeau! *[Lucky dépose le panier, enlève son cha-*
peau. Une abondante chevelure blanche lui tombe autour du visage.
Il met son chapeau sous le bras et reprend le panier.] Maintenant,
regardez. *[Pozzo ôte son chapeau.* Il est complètement chauve.
Il remet son chapeau.] Vous avez vu?

VLADIMIR

Qu'est-ce que c'est, un knouk?

POZZO

Vous n'êtes pas d'ici. Etes-vous seulement du siècle? Autrefois
on avait des bouffons. Maintenant on a des knouks. Ceux qui
peuvent se le permettre.

---

* *Tous ces personnages portent le chapeau melon.*

POZZO

Guess who taught me all these beautiful things. *[Pause. Pointing to Lucky.]* My Lucky!

VLADIMIR

[looking at the sky] Will night never come?

POZZO

But for him all my thoughts, all my feelings, would have been of common things. *[Pause. With extraordinary vehemence.]* Professional worries! *[Calmer.]* Beauty, grace, truth of the first water, I knew they were all beyond me. So I took a knook.

VLADIMIR

[startled from his inspection of the sky] A knook?

POZZO

That was nearly sixty years ago . . . *[he consults his watch]* . . . yes, nearly sixty. *[Drawing himself up proudly.]* You wouldn't think it to look at me, would you? Compared to him I look like a young man, no? *[Pause.]* Hat! *[Lucky puts down the basket and takes off his hat. His long white hair falls about his face. He puts his hat under his arm and picks up the basket.]* Now look. *[Pozzo takes off his hat.* He is completely bald. He puts on his hat again.]* Did you see?

---

* *All four wear bowlers.*

VLADIMIR

Et vous le chassez à présent? Un si vieux, un si fidèle serviteur?

ESTRAGON

Fumier!

Pozzo de plus en plus agité.

VLADIMIR

Après en avoir sucé la substance vous le jetez comme un . . .
[il cherche] . . . comme une peau de banane. Avouez que . . .

POZZO

[gémissant, portant ses mains à sa tête] Je n'en peux plus . . . plus
supporter . . . ce qu'il fait . . . pouvez pas savoir . . . c'est affreux
. . . faut qu'il s'en aille . . . *[il brandit les bras]* . . . je deviens
fou . . . *[Il s'effondre, la tête dans les bras.]* Je n'en peux plus . . .
peux plus . . .

Silence. Tous regardent Pozzo. Lucky tressaille.

VLADIMIR

Il n'en peut plus.

ESTRAGON

C'est affreux.

VLADIMIR

Il devient fou.

ESTRAGON

C'est dégoûtant.

VLADIMIR

[à Lucky] Comment osez-vous? C'est honteux! Un si bon maître!
Le faire souffrir ainsi! Après tant d'années! Vraiment!

VLADIMIR
    And now you turn him away? Such an old and faithful servant!

ESTRAGON
    Swine!

Pozzo more and more agitated.

VLADIMIR
    After having sucked all the good out of him you chuck him away
    like a . . . like a banana skin. Really . . .

POZZO
    [groaning, clutching his head] I can't bear it . . . any longer . . . the
    way he goes on . . . you've no idea . . . it's terrible . . . he must
    go . . . *[he waves his arms]* . . . I'm going mad . . . *[he collapses, his
    head in his hands]* . . . I can't bear it . . . any longer . . .

Silence. All look at Pozzo.

VLADIMIR
    He can't bear it.

ESTRAGON
    Any longer.

VLADIMIR
    He's going mad.

ESTRAGON
    It's terrible.

VLADIMIR
    [to Lucky] How dare you! It's abominable! Such a good master!
    Crucify him like that! After so many years! Really!

POZZO

[*sanglotant*] Autrefois . . . il était gentil . . . il m'aidait . . . me
distrayait . . . il me rendait meilleur . . . maintenant . . . il
m'assassine . . .

ESTRAGON

[*à Vladimir*] Est-ce qu'il veut le remplacer?

VLADIMIR

Comment?

ESTRAGON

Je n'ai pas compris s'il veut le remplacer ou s'il n'en veut plus
après lui.

VLADIMIR

Je ne crois pas.

ESTRAGON

Comment?

VLADIMIR

Je ne sais pas.

ESTRAGON

Faut lui demander.

POZZO

[*calmé*] Messieurs, je ne sais pas ce qui m'est arrivé. Je vous
demande pardon. Oubliez tout ça. [*De plus en plus maître de lui.*]
Je ne sais plus très bien ce que j'ai dit, mais vous pouvez être sûrs
qu'il n'y avait pas un mot de vrai là-dedans. [*Se redresse, se frappe
la poitrine.*] Est-ce que j'ai l'air d'un homme qu'on fait souffrir,
moi? Voyons! [*Il fouille dans ses poches.*] Qu'est-ce que j'ai fait de
ma pipe?

POZZO

[sobbing] He used to be so kind . . . so helpful . . . and entertaining . . . my good angel . . . and now . . . he's killing me.

ESTRAGON

[to Vladimir] Does he want to replace him?

VLADIMIR

What?

ESTRAGON

Does he want someone to take his place or not?

VLADIMIR

I don't think so.

ESTRAGON

What?

VLADIMIR

I don't know.

ESTRAGON

Ask him.

POZZO

[calmer] Gentlemen, I don't know what came over me. Forgive me. Forget all I said. [More and more his old self.] I don't remember exactly what it was, but you may be sure there wasn't a word of truth in it. [Drawing himself up, striking his chest.] Do I look like a man that can be made to suffer? Frankly? [He rummages in his pockets.] What have I done with my pipe?

VLADIMIR

Charmante soirée.

ESTRAGON

Inoubliable.

VLADIMIR

Et ce n'est pas fini.

ESTRAGON

On dirait que non.

VLADIMIR

Ça ne fait que commencer.

ESTRAGON

C'est terrible.

VLADIMIR

On se croirait au spectacle.

ESTRAGON

Au cirque.

VLADIMIR

Au music-hall.

ESTRAGON

Au cirque.

POZZO

Mais qu'ai-je donc fait de ma bruyère!

ESTRAGON

Il est marrant! Il a perdu sa bouffarde! *[Rit bruyamment.]*

VLADIMIR

Je reviens. *[Il se dirige vers la coulisse.]*

VLADIMIR
Charming evening we're having.

ESTRAGON
Unforgettable.

VLADIMIR
And it's not over.

ESTRAGON
Apparently not.

VLADIMIR
It's only beginning.

ESTRAGON
It's awful.

VLADIMIR
Worse than the pantomime.

ESTRAGON
The circus.

VLADIMIR
The music-hall.

ESTRAGON
The circus.

POZZO
What can I have done with that briar?

ESTRAGON
He's a scream. He's lost his dudeen. *[Laughs noisily.]*

VLADIMIR
I'll be back. *[He hastens towards the wings.]*

ESTRAGON

Au fond du couloir, à gauche.

VLADIMIR

Garde ma place. *[Il sort.]*

POZZO

J'ai perdu mon Abdullah!

ESTRAGON

[se tordant] Il est tordant!

POZZO

[levant la tête] Vous n'auriez pas vu—*[Il s'aperçoit de l'absence de Vladimir. Désolé.]* Oh ! Il est parti! . . . Sans me dire au revoir! Ce n'est pas chic! Vous auriez dû le retenir.

ESTRAGON

Il s'est retenu tout seul.

POZZO

Oh! *[Un temps.]* A la bonne heure.

ESTRAGON

[se levant] Venez par ici.

POZZO

Pour quoi faire?

ESTRAGON

Vous allez voir.

POZZO

Vous voulez que je me lève?

ESTRAGON

End of the corridor, on the left.

VLADIMIR

Keep my seat. *[Exit Vladimir.]*

POZZO

[on the point of tears] I've lost my Kapp and Peterson!

ESTRAGON

[convulsed with merriment] He'll be the death of me!

POZZO

You didn't see by any chance—.*[He misses Vladimir.]* Oh! He's gone! Without saying goodbye! How could he! He might have waited!

ESTRAGON

He would have burst.

POZZO

Oh! *[Pause.]* Oh well then of course in that case . . .

ESTRAGON

Come here.

POZZO

What for?

ESTRAGON

You'll see.

POZZO

You want me to get up?

ESTRAGON

Venez . . . venez . . . vite.

Pozzo se lève et va vers Estragon.

ESTRAGON

Regardez!

POZZO

Oh là là!

ESTRAGON

C'est fini.

Vladimir revient, sombre, bouscule Lucky, renverse le pliant d'un coup de pied, va et vient avec agitation.

POZZO

Il n'est pas content?

ESTRAGON

Tu as raté des choses formidables. Dommage.

Vladimir s'arrête, redresse le pliant, reprend son va-et-vient, plus calme.

POZZO

Il s'apaise. *[Regard circulaire.]* D'ailleurs, tout s'apaise, je le sens. Une grande paix descend. Ecoutez. *[Il lève la main.]* Pan dort.

VLADIMIR

[s'arrêtant] La nuit ne viendra-t-elle jamais?

Tous les trois regardent le ciel.

POZZO

Vous ne tenez pas à partir avant?

ESTRAGON

Quick! *[Pozzo gets up and goes over beside Estragon. Estragon points off.]* Look!

POZZO

[having put on his glasses] Oh I say!

ESTRAGON

It's all over.

Enter Vladimir, somber. He shoulders Lucky out of his way, kicks over the stool, comes and goes agitatedly.

POZZO

He's not pleased.

ESTRAGON

[to Vladimir] You missed a treat. Pity.

Vladimir halts, straightens the stool, comes and goes, calmer.

POZZO

He subsides. *[Looking round.]* Indeed all subsides. A great calm descends. *[Raising his hand.]* Listen! Pan sleeps.

VLADIMIR

Will night never come?

All three look at the sky.

POZZO

You don't feel like going until it does?

ESTRAGON

C'est-à-dire . . . Vous comprenez . . .

POZZO

Mais c'est tout naturel, c'est tout naturel. Moi-même, à votre place, si j'avais rendez-vous avec un Godin . . . Godet . . . Godot . . . enfin vous voyez qui je veux dire, j'attendrais qu'il fasse nuit noire avant d'abandonner. *[Il regarde le pliant.]* J'aimerais bien me rasseoir, mais je ne sais pas trop comment m'y prendre.

ESTRAGON

Puis-je vous aider?

POZZO

Si vous me demandiez, peut-être?

ESTRAGON

Quoi?

POZZO

Si vous me demandiez de me rasseoir.

ESTRAGON

Ça vous aiderait?

POZZO

Il me semble.

ESTRAGON

Allons-y. Rasseyez-vous, monsieur, je vous en prie.

POZZO

Non non, ce n'est pas la peine. *[Un temps. A voix basse.]* Insistez un peu.

ESTRAGON

Mais voyons, ne restez pas debout comme ça, vous allez attraper froid.

ESTRAGON

Well you see—

POZZO

Why it's very natural, very natural. I myself in your situation, if
I had an appointment with a Godin . . . Godet . . . Godot . . .
anyhow, you see who I mean, I'd wait till it was black night
before I gave up. *[He looks at the stool.]* I'd very much like to sit
down, but I don't quite know how to go about it.

ESTRAGON

Could I be of any help?

POZZO

If you asked me perhaps.

ESTRAGON

What?

POZZO

If you asked me to sit down.

ESTRAGON

Would that be a help?

POZZO

I fancy so.

ESTRAGON

Here we go. Be seated, Sir, I beg of you.

POZZO

No no, I wouldn't think of it! *[Pause. Aside.]* Ask me again.

ESTRAGON

Come come, take a seat I beseech you, you'll get pneumonia.

POZZO
Vous croyez?

ESTRAGON
Mais c'est absolument certain.

POZZO
Vous avez sans doute raison. *[Il se rassied.]* Merci, mon cher. Me
voilà réinstallé. *[Estragon se rassied. Pozzo regarde sa montre.]* Mais il
est temps que je vous quitte, si je ne veux pas me mettre en retard.

VLADIMIR
Le temps s'est arrêté.

POZZO
[mettant sa montre contre son oreille] Ne croyez pas ça, monsieur,
ne croyez pas ça. *[Il remet la montre dans sa poche.]* Tout ce que
vous voulez, mais pas ça.

ESTRAGON
[à Pozzo] Il voit tout en noir aujourd'hui.

POZZO
Sauf le firmament. *[Il rit, content de ce bon mot.]* Patience, ça
va venir. Mais je vois ce que c'est, vous n'êtes pas d'ici, vous
ne savez pas encore ce que c'est que le crépuscule chez nous.
Voulez-vous que je vous le dise? *[Silence. Estragon et Vladimir se
sont remis à examiner, celui-là sa chaussure, celui-ci son chapeau.
Le chapeau de Lucky tombe, sans qu'il s'en aperçoive.]* Je veux bien
vous satisfaire. *[Jeu du vaporisateur.]* Un peu d'attention, s'il
vous plaît. *[Estragon et Vladimir continuent leur manège, Lucky
dort à moitié. Pozzo fait claquer son fouet, qui ne rend qu'un bruit
très faible.]* Qu'est-ce qu'il a, ce fouet? *[Il se lève et le fait claquer
plus vigoureusement, finalement avec succès. Lucky sursaute. La
chaussure d'Estragon, le chapeau de Vladimir, leur tombent des
mains. Pozzo jette le fouet.]* Il ne vaut plus rien, ce fouet. *[Il
regarde son auditoire.]* Qu'est-ce que je disais?

POZZO

You really think so?

ESTRAGON

Why it's absolutely certain.

POZZO

No doubt you are right. *[He sits down.]* Done it again! *[Pause.]*
Thank you, dear fellow. *[He consults his watch.]* But I must really
be getting along, if I am to observe my schedule.

VLADIMIR

Time has stopped.

POZZO

[cuddling his watch to his ear] Don't you believe it, Sir, don't you
believe it. *[He puts his watch back in his pocket.]* Whatever you
like, but not that.

ESTRAGON

[to Pozzo] Everything seems black to him today.

POZZO

Except the firmament. *[He laughs, pleased with this witticism.]*
But I see what it is, you are not from these parts, you don't
know what our twilights can do. Shall I tell you? *[Silence.
Estragon is fiddling with his boot again, Vladimir with his hat.]*
I can't refuse you. *[Vaporizer.]* A little attention, if you please.
*[Vladimir and Estragon continue their fiddling, Lucky is half
asleep. Pozzo cracks his whip feebly.]* What's the matter with this
whip? *[He gets up and cracks it more vigorously, finally with
success. Lucky jumps. Vladimir's hat, Estragon's boot, Lucky's hat,
fall to the ground. Pozzo throws down the whip.]* Worn out, this
whip. *[He looks at Vladimir and Estragon.]* What was I saying?

VLADIMIR
Partons.

ESTRAGON
Mais ne restez pas debout comme ça, vous allez attraper la crève.

POZZO
C'est vrai. *[Il se rassied. A Estragon.]* Comment vous appelez-vous?

ESTRAGON
[du tic au tac] Catulle.

POZZO
[qui n'a pas écouté] Ah oui, la nuit. *[Lève la tête.]* Mais soyez donc un peu plus attentifs, sinon nous n'arriverons jamais à rien. *[Regarde le ciel.]* Regardez. *[Tous regardent le ciel, sauf Lucky qui s'est remis à somnoler. Pozzo, s'en apercevant, tire sur la corde.]* Veux-tu regarder le ciel, porc! *[Lucky renverse la tête.]* Bon, ça suffit. *[Ils baissent la tête.]* Qu'est-ce qu'il a de si extraordinaire? En tant que ciel? Il est pâle et lumineux, comme n'importe quel ciel à cette heure de la journée. *[Un temps.]* Dans ces latitudes. *[Un temps.]* Quand il fait beau. *[Sa voix se fait chantante.]* Il y a une heure *[il regarde sa montre, ton prosaïque]* environ *[ton à nouveau lyrique]* après nous avoir versé depuis *[il hésite, le ton baisse]* mettons dix heures du matin *[le ton s'élève]* sans faiblir des torrents de lumière rouge et blanche, il s'est mis à perdre de son éclat, à pâlir *[geste des deux mains qui descendent par paliers]*, à pâlir, toujours un peu plus, un peu plus, jusqu'à ce que *[pause dramatique, large geste horizontal des deux mains qui s'écartent]* vlan! fini! il ne bouge plus! *[Silence.]* Mais *[il lève une main admonitrice]*—mais, derrière ce voile de douceur et de calme *[il lève les yeux au ciel, les autres l'imitent, sauf Lucky]* la nuit galope *[la voix se fait plus vibrante]* et viendra se jeter sur nous *[il fait claquer ses doigts]* pfft! comme ça—*[l'inspiration le quitte]* au moment où nous nous y attendrons le moins. *[Silence. Voix morne.]* C'est comme ça que ça se passe sur cette putain de terre.

VLADIMIR

Let's go.

ESTRAGON

But take the weight off your feet, I implore you, you'll catch your death.

POZZO

True. *[He sits down. To Estragon.]* What is your name?

ESTRAGON

Adam.

POZZO

[who hasn't listened] Ah yes! The night. *[He raises his head.]* But be a little more attentive, for pity's sake, otherwise we'll never get anywhere. *[He looks at the sky.]* Look! *[All look at the sky except Lucky who is dozing off again. Pozzo jerks the rope.]* Will you look at the sky, pig! *[Lucky looks at the sky.]* Good, that's enough. *[They stop looking at the sky.]* What is there so extraordinary about it? Qua sky. It is pale and luminous like any sky at this hour of the day. *[Pause.]* In these latitudes. *[Pause.]* When the weather is fine. *[Lyrical.]* An hour ago *[he looks at his watch, prosaic]* roughly *[lyrical]* after having poured forth even since *[he hesitates, prosaic]* say ten o'clock in the morning *[lyrical]* tirelessly torrents of red and white light it begins to lose its effulgence, to grow pale *[gesture of the two hands lapsing by stages]* pale, ever a little paler, a little paler until *[dramatic pause, ample gesture of the two hands flung wide apart]* pppfff! finished! it comes to rest. But—*[hand raised in admonition]*—but behind this veil of gentleness and peace, night is charging *[vibrantly]* and will burst upon us *[snaps his fingers]* pop! like that! *[his inspiration leaves him]* just when we least expect it. *[Silence. Gloomily.]* That's how it is on this bitch of an earth.

Long silence.

ESTRAGON
    Du moment qu'on est prévenus.

VLADIMIR
    On peut patienter.

ESTRAGON
    On sait à quoi s'en tenir.

VLADIMIR
    Plus d'inquiétude à avoir.

ESTRAGON
    Il n'y a qu'à attendre.

VLADIMIR
    Nous en avons l'habitude. *[Il ramasse son chapeau, regarde dedans, le secoue, le remet.]*

POZZO
    Comment m'avez-vous trouvé? *[Estragon et Vladimir le regardent sans comprendre.]* Bon? Moyen? Passable? Quelconque? Franchement mauvais?

VLADIMIR
    [comprenant le premier] Oh, très bien, tout à fait bien.

POZZO
    [à Estragon] Et vous, monsieur?

ESTRAGON
    [accent anglais] Oh très bon, très très très bon.

Long silence.

ESTRAGON
So long as one knows.

VLADIMIR
One can bide one's time.

ESTRAGON
One knows what to expect.

VLADIMIR
No further need to worry.

ESTRAGON
Simply wait.

VLADIMIR
We're used to it. *[He picks up his hat, peers inside it, shakes it, puts it on.]*

POZZO
How did you find me? *[Vladimir and Estragon look at him blankly.]* Good? Fair? Middling? Poor? Positively bad?

VLADIMIR
[first to understand] Oh very good, very very good.

POZZO
[to Estragon] And you, Sir?

ESTRAGON
Oh tray bong, tray tray tray bong.

POZZO

[avec élan] Merci, messieurs! [Un temps.] J'ai tant besoin
d'encouragement. [Il réfléchit.] J'ai un peu faibli sur la fin. Vous
n'avez pas remarqué?

VLADIMIR

Oh, peut-être un tout petit peu.

ESTRAGON

J'ai cru que c'était exprès.

POZZO

C'est que ma mémoire est défectueuse.

Silence.

ESTRAGON

En attendant, il ne se passe rien.

POZZO

[désolé] Vous vous ennuyez?

ESTRAGON

Plutôt.

POZZO

[à Vladimir] Et vous, monsieur?

VLADIMIR

Ce n'est pas folichon.

Silence. Pozzo se livre une bataille intérieure.

POZZO

Messieurs, vous avez été ... [il cherche] ... convenables avec
moi.

ESTRAGON

Mais non!

POZZO

[fervently] Bless you, gentlemen, bless you! [Pause.] I have such
need of encouragement! [Pause.] I weakened a little towards the
end, you didn't notice?

VLADIMIR

Oh perhaps just a teeny weeny little bit.

ESTRAGON

I thought it was intentional.

POZZO

You see my memory is defective.

Silence.

ESTRAGON

In the meantime nothing happens.

POZZO

You find it tedious?

ESTRAGON

Somewhat.

POZZO

[to Vladimir] And you, Sir?

VLADIMIR

I've been better entertained.

Silence. Pozzo struggles inwardly.

POZZO

Gentlemen, you have been . . . civil to me.

ESTRAGON

Not at all!

VLADIMIR

Quelle idée!

POZZO

Mais si, mais si, vous avez été corrects. De sorte que je me demande . . . Que puis-je faire à mon tour pour ces braves gens qui sont en train de s'ennuyer?

ESTRAGON

Même un louis serait le bienvenu.

VLADIMIR

Nous ne sommes pas des mendiants.

POZZO

Que puis-je faire, voilà ce que je me dis, pour que le temps leur semble moins long? Je leur ai donné des os, je leur ai parlé de choses et d'autres, je leur ai expliqué le crépuscule, c'est une affaire entendue. Et j'en passe. Mais est-ce suffisant, voilà ce qui me torture, est-ce suffisant?

ESTRAGON

Même cent sous.

VLADIMIR

Tais-toi!

ESTRAGON

J'en prends le chemin.

POZZO

Est-ce suffisant? Sans doute. Mais je suis large. C'est ma nature. Aujourd'hui. Tant pis pour moi. *[Il tire sur la corde. Lucky le regarde.]* Car je vais souffrir, cela est certain. *[Sans se lever, il se penche et reprend son fouet.]* Que préférez-vous? Qu'il danse, qu'il chante, qu'il récite, qu'il pense, qu'il . . .

ESTRAGON

Qui?

VLADIMIR

What an idea!

POZZO

Yes yes, you have been correct. So that I ask myself is there
anything I can do in my turn for these honest fellows who are
having such a dull, dull time.

ESTRAGON

Even ten francs would be a help.

VLADIMIR

We are not beggars!

POZZO

Is there anything I can do, that's what I ask myself, to cheer
them up? I have given them bones, I have talked to them about
this and that, I have explained the twilight, admittedly. But is it
enough, that's what tortures me, is it enough?

ESTRAGON

Even five.

VLADIMIR

[to Estragon, indignantly] That's enough!

ESTRAGON

I couldn't accept less.

POZZO

Is it enough? No doubt. But I am liberal. It's my nature. This
evening. So much the worse for me. *[He jerks the rope. Lucky
looks at him.]* For I shall suffer, no doubt about that. *[He picks up
the whip.]* What do you prefer? Shall we have him dance, or sing,
or recite, or think, or—

ESTRAGON

Who?

127

POZZO

Qui! Vous savez penser, vous autres?

VLADIMIR

Il pense?

POZZO

Parfaitement. A haute voix. Il pensait même très joliment autrefois, je pouvais l'écouter pendant des heures. Maintenant . . . *[Il
frissonne.]* Enfin, tant pis. Alors, vous voulez qu'il nous pense
quelque chose?

ESTRAGON

J'aimerais mieux qu'il danse, ce serait plus gai.

POZZO

Pas forcément.

ESTRAGON

N'est-ce pas, Didi, que ce serait plus gai?

VLADIMIR

J'aimerais bien l'entendre penser.

ESTRAGON

Il pourrait peut-être danser d'abord et penser ensuite? Si ce n'est
pas trop lui demander.

VLADIMIR

[à Pozzo] Est-ce possible?

POZZO

Mais certainement, rien de plus facile. C'est d'ailleurs l'ordre
naturel. *[Rire bref.]*

VLADIMIR

Alors, qu'il danse.

POZZO

Who! You know how to think, you two?

VLADIMIR

He thinks?

POZZO

Certainly. Aloud. He even used to think very prettily once, I could listen to him for hours. Now . . . *[He shudders.]* So much the worse for me. Well, would you like him to think something for us?

ESTRAGON

I'd rather he'd dance, it'd be more fun.

POZZO

Not necessarily.

ESTRAGON

Wouldn't it, Didi, be more fun?

VLADIMIR

I'd like well to hear him think.

ESTRAGON

Perhaps he could dance first and think afterwards, if it isn't too much to ask him.

VLADIMIR

[to Pozzo] Would that be possible?

POZZO

By all means, nothing simpler. It's the natural order. *[He laughs briefly.]*

VLADIMIR

Then let him dance.

Silence.

POZZO

    [à Lucky] Tu entends?

ESTRAGON

    Il ne refuse jamais?

POZZO

    Je vous expliquerai ça tout à l'heure. *[A Lucky.]* Danse, pouacre!

Lucky dépose valise et panier, avance un peu vers la rampe, se tourne vers Pozzo. Estragon se lève pour mieux voir. Lucky danse. Il s'arrête.

ESTRAGON

    C'est tout?

POZZO

    Encore!

Lucky répète les mêmes mouvements, s'arrête.

ESTRAGON

    Eh ben, mon cochon! *[Il imite les mouvements de Lucky.]* J'en ferais autant. *[Il imite, manque de tomber, se rassied.]* Avec un peu d'entraînement.

VLADIMIR

    Il est fatigué.

POZZO

    Autrefois, il dansait la farandole, l'almée, le branle, la gigue, le fandango et même le hornpipe. Il bondissait. Maintenant il ne fait plus que ça. Savez-vous comment il l'appelle?

ESTRAGON

    La mort du lampiste.

Silence.

POZZO

Do you hear, hog?

ESTRAGON

He never refuses?

POZZO

He refused once. *[Silence.]* Dance, misery!

Lucky puts down bag and basket, advances towards front, turns to Pozzo. Lucky dances. He stops.

ESTRAGON

Is that all?

POZZO

Encore!

Lucky executes the same movements, stops.

ESTRAGON

Pooh! I'd do as well myself. *[He imitates Lucky, almost falls.]* With a little practice.

POZZO

He used to dance the farandole, the fling, the brawl, the jig, the fandango and even the hornpipe. He capered. For joy. Now that's the best he can do. Do you know what he calls it?

ESTRAGON

The Scapegoat's Agony.

VLADIMIR
Le cancer des vieillards.

POZZO
La danse du filet. Il se croit empêtré dans un filet.

VLADIMIR
[avec des tortillements d'esthète] Il y a quelque chose . . .

Lucky s'apprête a retourner vers ses fardeaux.

POZZO
[comme à un cheval] Woooa!

Lucky s'immobilise.

ESTRAGON
Il ne refuse jamais?

POZZO
Je vais vous expliquer ça. *[Il fouille dans ses poches.]* Attendez.
[Il fouille.] Qu'est-ce que j'ai fait de ma poire? *[Il fouille.]* Ça
alors! *[Il lève une tête ahurie. D'une voix mourante.]* J'ai perdu
mon pulvérisateur!

ESTRAGON
[d'une voix mourante] Mon poumon gauche est très faible. *[Il
tousse faiblement. D'une voix tonitruante.]* Mais mon poumon
droit est en parfait état!

POZZO
[voix normale] Tant pis, je m'en passerai. Qu'est-ce que je disais?
[Il réfléchit.] Attendez! *[Réfléchit.]* Ça alors! *[Il lève la tête.]*
Aidez-moi!

ESTRAGON
Je cherche.

VLADIMIR

The Hard Stool.

POZZO

The Net. He thinks he's entangled in a net.

VLADIMIR

[squirming like an aesthete] There's something about it . . .

Lucky makes to return to his burdens.

POZZO

Woaa!

Lucky stiffens.

ESTRAGON

Tell us about the time he refused.

POZZO

With pleasure, with pleasure. *[He fumbles in his pockets.]* Wait.
[He fumbles.] What have I done with my spray? *[He fumbles.]*
Well now isn't that . . . *[He looks up, consternation on his features.
Faintly.]* I can't find my pulverizer!

ESTRAGON

[faintly] My left lung is very weak! *[He coughs feebly. In ringing
tones.]* But my right lung is as sound as a bell!

POZZO

[normal voice] No matter! What was I saying. *[He ponders.]* Wait.
[Ponders.] Well now isn't that . . . *[He raises his head.]*
Help me!

ESTRAGON

Wait!

VLADIMIR
  Moi aussi.

POZZO
  Attendez!

Tous les trois se découvrent simultanément, portent la main au front, se concentrent, crispés.

Long silence.

ESTRAGON
  [triomphant] Ah!

VLADIMIR
  Il a trouvé.

POZZO
  [impatient] Et alors?

ESTRAGON
  Pourquoi ne dépose-t-il pas ses bagages?

VLADIMIR
  Mais non!

POZZO
  Vous êtes sûr?

VLADIMIR
  Mais voyons, vous nous l'avez déjà dit.

POZZO
  Je vous l'ai déjà dit?

ESTRAGON
  Il nous l'a déjà dit?

VLADIMIR
   Wait!

POZZO
   Wait!

All three take off their hats simultaneously, press their hands to their foreheads, concentrate.

ESTRAGON
   [triumphantly] Ah!

VLADIMIR
   He has it.

POZZO
   [impatient] Well?

ESTRAGON
   Why doesn't he put down his bags?

VLADIMIR
   Rubbish!

POZZO
   Are you sure?

VLADIMIR
   Damn it haven't you already told us?

POZZO
   I've already told you?

ESTRAGON
   He's already told us?

VLADIMIR

D'ailleurs, il les a déposés.

ESTRAGON

[coup d'œil vers Lucky] C'est vrai. Et après?

VLADIMIR

Puisqu'il a déposé ses bagages, il est impossible que nous ayons demandé pourquoi il ne les dépose pas.

POZZO

Fortement raisonné!

ESTRAGON

Et pourquoi les a-t-il déposés?

POZZO

Voilà.

VLADIMIR

Afin de danser.

ESTRAGON

C'est vrai.

Long silence.

ESTRAGON

[se levant] Rien ne se passe, personne ne vient, personne ne s'en va, c'est terrible.

VLADIMIR

[à Pozzo] Dites-lui de penser.

VLADIMIR

Anyway he has put them down.

ESTRAGON

[glance at Lucky] So he has. And what of it?

VLADIMIR

Since he has put down his bags it is impossible we should have asked why he does not do so.

POZZO

Stoutly reasoned!

ESTRAGON

And why has he put them down?

POZZO

Answer us that.

VLADIMIR

In order to dance.

ESTRAGON

True!

POZZO

True!

Silence. They put on their hats.

ESTRAGON

Nothing happens, nobody comes, nobody goes, it's awful!

VLADIMIR

[to Pozzo] Tell him to think.

POZZO

Donnez-lui son chapeau.

VLADIMIR

Son chapeau?

POZZO

Il ne peut pas penser sans chapeau.

VLADIMIR

[à Estragon] Donne-lui son chapeau.

ESTRAGON

Moi? Après le coup qu'il m'a fait? Jamais!

VLADIMIR

Je vais le lui donner, moi. *[Il ne bouge pas.]*

ESTRAGON

Qu'il aille le chercher.

POZZO

Il vaut mieux le lui donner.

VLADIMIR

Je vais le lui donner.

Il ramasse le chapeau et le tend à Lucky à bout de bras. Lucky ne bouge pas.

POZZO

Il faut le lui mettre.

ESTRAGON

[à Pozzo] Dites-lui de le prendre.

POZZO

Il vaut mieux le lui mettre.

POZZO

Give him his hat.

VLADIMIR

His hat?

POZZO

He can't think without his hat.

VLADIMIR

[to Estragon] Give him his hat.

ESTRAGON

Me! After what he did to me! Never!

VLADIMIR

I'll give it to him. *[He does not move.]*

ESTRAGON

[to Pozzo] Tell him to go and fetch it.

POZZO

It's better to give it to him.

VLADIMIR

I'll give it to him.

He picks up the hat and tenders it at arm's length to Lucky, who does not move.

POZZO

You must put it on his head.

ESTRAGON

[to Pozzo] Tell him to take it.

POZZO

It's better to put it on his head.

VLADIMIR
Je vais le lui mettre.

Il contourne Lucky avec précaution, s'en approche doucement par derrière, lui met le chapeau sur la tête et recule vivement. Lucky ne bouge pas. Silence.

ESTRAGON
Qu'est-ce qu'il attend?

POZZO
Eloignez-vous. *[Estragon et Vladimir s'éloignent de Lucky. Pozzo tire sur la corde. Lucky le regarde.]* Pense, porc! *[Un temps. Lucky se met à danser.]* Arrête! *[Lucky s'arrête.]* Avance! *[Lucky va vers Pozzo.]* Là! *[Lucky s'arrête.]* Pense! *[Un temps.]*

LUCKY
D'autre part, pour ce qui est . . .

POZZO
Arrête! *[Lucky se tait.]* Arrière! *[Lucky recule.]* Là! *[Lucky s'arrête.]* Hue! *[Lucky se tourne vers le public.]* Pense!

LUCKY
[débit monotone] Etant donné l'existence telle qu'elle jaillit des récents travaux publics de Poinçon et Wattmann d'un Dieu *Attention* personnel quaquaquaqua à barbe blanche quaqua *soutenue* hors du temps de l'étendue qui du haut de sa divine *d'Estragon et* apathie sa divine athambie sa divine aphasie nous *Vladimir.* aime bien à quelques exceptions près on ne sait *Accablement et* pourquoi mais ça viendra et souffre à l'instar de la *dégoût de Pozzo.* divine Miranda avec ceux qui sont on ne sait pour-quoi mais on a le temps dans le tourment dans les feux dont les feux les flammes pour peu que ça dure encore un peu et qui peut en douter mettront à la fin le feu aux poutres assavoir por-teront l'enfer aux nues si bleues par moments encore aujourd'hui et calmes si calmes d'un calme qui pour être intermittent n'en est pas moins le bienvenu mais n'anticipons pas et attendu d'autre part qu'à la suite des recherches inachevées n'anticipons

140

VLADIMIR

I'll put it on his head.

He goes round behind Lucky, approaches him cautiously, puts the hat on his head and recoils smartly. Lucky does not move. Silence.

ESTRAGON

What's he waiting for?

POZZO

Stand back! *[Vladimir and Estragon move away from Lucky. Pozzo jerks the rope. Lucky looks at Pozzo.]* Think, pig! *[Pause. Lucky begins to dance.]* Stop! *[Lucky stops.]* Forward! *[Lucky advances.]* Stop! *[Lucky stops.]* Think!

Silence.

LUCKY

On the other hand with regard to—

POZZO

Stop! *[Lucky stops.]* Back! *[Lucky moves back.]* Stop! *[Lucky stops.]* Turn! *[Lucky turns towards auditorium.]* Think!

LUCKY

Given the existence as uttered forth in the public works of Puncher and Wattmann of a personal God quaquaquaqua with white beard quaquaquaqua outside time without extension who from the heights of divine apathia divine athambia divine aphasia loves us dearly with some exceptions for reasons unknown but time will tell and suffers like the divine Miranda with those who for reasons unknown but time will tell are plunged in torment plunged in fire whose fire flames if that continues and who can doubt it will fire the firmament that is to say blast hell to heaven so blue still and calm so calm with a calm which even though intermittent is better than nothing but not so fast and considering what is more that as a result of

Vladimir and Estragon all attention, Pozzo dejected and disgusted.

pas des recherches inachevées mais néanmoins couronnées par l'Acacacacadémie d'Anthropopopométrie de Berne-en-Bresse de Testu et Conard il est établi sans autre possibilité d'erreur que celle afférente aux calculs humains qu'à la suite des recherches inachevées inachevées de Testu et Conard il est établi tabli tabli ce qui suit qui suit qui suit assavoir mais n'anticipons pas on ne sait pourquoi à la suite des travaux de Poinçon et Wattmann il apparaît aussi clairement si clairement qu'en vue des labeurs de Fartov et Belcher inachevés inachevés on ne sait pourquoi de Testu et Conard inachevés inachevés il apparaît

Premiers murmures d'Estragon et Vladimir. Souffrances accrues de Pozzo.

que l'homme contrairement a l'opinion contraire que l'homme en Bresse de Testu et Conard que l'homme enfin bref que l'homme en bref enfin malgré les progrès de l'alimentation et de l'élimination des déchets est en train de maigrir et en même temps parallèlement on ne sait pourquoi malgré l'essor de la culture physique de la pratique des sports tels tels tels le tennis le football la course et à pied et à bicyclette la natation l'équitation l'aviation la conation le tennis le camogie le patinage et sur glace et sur asphalte le tennis l'aviation les sports les sports d'hiver d'été d'automne d'automne le tennis sur gazon sur sapin et sur terre bat-

Estragon et Vladimir se calment, reprennent l'écoute. Pozzo s'agite de plus en plus, fait entendre des gémissements.

tue l'aviation le tennis le hockey sur terre sur mer et dans les airs la pénicilline et succédanés bref je reprends en même temps parallèlement de rapetisser on ne sait pourquoi malgré le tennis je reprends l'aviation le golf tant à neuf qu'à dix-huit trous le tennis sur glace bref on ne sait pourquoi en Seine Seine-et-Oise Seine-et-Marne Marne-et-Oise assavoir en même temps parallèlement on ne sait pourquoi de maigrir rétrécir je reprends Oise Marne bref la perte sèche par tête de pipe depuis la mort de Voltaire étant de l'ordre de deux doigts cent grammes par tête de pipe environ en moyenne à peu près chiffres ronds bon poids déshabillé en Normandie on ne sait pourquoi bref enfin peu importe les faits sont là et considérant d'autre part ce qui est encore plus grave qu'il ressort ce qui est encore plus grave qu'à la lumière la lumière des expériences en cours de Steinweg et Petermann il ressort ce qui est encore plus grave qu'il ressort ce qui est encore plus grave à la lumière la lumière des expériences abandonnées

142

the labors left unfinished crowned by the Acacacacademy of
Anthropopopometry of Essy-in-Possy of Testew and Cunard it
is established beyond all doubt all other doubt than that which
clings to the labors of men that as a result of the labors unfinished of Testew and Cunard it is established as hereinafter but
not so fast for reasons unknown that as a result of the public
works of Puncher and Wattmann it is established beyond all
doubt that in view of the labors of Fartov and Belcher left unfinished for reasons unknown of Testew and Cunard left unfinished
it is established what many deny that man in Possy of Testew
and Cunard that man in Essy that man in
short that man in brief in spite of the strides of *Vladimir and*
alimentation and defecation wastes and pines *Estragon begin*
to protest,
wastes and pines and concurrently simultane- *Pozzo's*
ously what is more for reasons unknown in spite *sufferings*
increase.
of the strides of physical culture the practice of
sports such as tennis football running cycling swimming flying floating riding gliding conating camogie skating tennis of
all kinds dying flying sports of all sorts autumn summer winter
winter tennis of all kinds hockey of all sorts penicillin and suc-
cedanea in a word I resume flying gliding golf
over nine and eighteen holes tennis of all sorts *Vladimir and*
Estragon attentive
in a word for reasons unknown in Feckham *again, Pozzo*
Peckham Fulham Clapham namely concur- *more and more*
rently simultaneously what is more for reasons *agitated and*
groaning.
unknown but time will tell fades away I resume
Fulham Clapham in a word the dead loss per head since the
death of Bishop Berkeley being to the tune of one inch four
ounce per head approximately by and large more or less to the
nearest decimal good measure round figures stark naked in the
stockinged feet in Connemara in a word for reasons unknown
no matter what matter the facts are there and considering what
is more much more grave that in the light of the labors lost of
Steinweg and Peterman it appears what is more much more grave
that in the light the light the light of the labors lost of Steinweg
and Peterman that in the plains in the mountains by the seas by
the rivers running water running fire the air is the same and then
the earth namely the air and then the earth in the great cold the

de Steinweg et Petermann qu'à la campagne à la montagne et au
bord de la mer et des cours et d'eau et de feu l'air est le même
et la terre assavoir l'air et la terre par les grands froids l'air et la
terre faits pour les pierres par les grands froids hélas au septième
de leur ère l'éther la terre la mer pour les pierres par les grands
fonds les grands froids sur mer sur terre et dans les airs

Exclamations
de Vladimir et
Estragon. Pozzo
se lève d'un bond,
tire sur la corde.
Tous crient. Lucky
tire sur la corde,
trébuche, hurle.
Tous se jettent
sur Lucky qui se
débat, hurle son
texte.

peuchère je reprends on ne sait pourquoi malgré le tennis
les faits sont là on ne sait pourquoi je reprends au suivant bref enfin hélas au suivant pour les pierres qui peut
en douter je reprends mais n'anticipons pas je reprends
la tête en même temps parallèlement on ne sait pourquoi
malgré le tennis au suivant la barbe les flammes les pleurs
les pierres si bleues si calmes hélas la tête la tête la tête la
tête en Normandie malgré le tennis les labeurs abandonnés inachevés plus grave les pierres bref je reprends hélas
hélas abandonnés inachevés la tête la tête en Normandie
malgré le tennis la tête hélas les pierres Conard Conard . . .
[Mêlée. Lucky pousse encore quelques vociférations.] Tennis! . . . Les
pierres! . . . Si calmes! . . . Conard! . . . Inachevés! . . .

POZZO

Son chapeau!

Vladimir s'empare du chapeau de Lucky qui se tait et tombe.
Grand silence. Halètement des vainqueurs.

ESTRAGON

Je suis vengé.

Vladimir contemple le chapeau de Lucky, regarde dedans.

POZZO

Donnez-moi ça! *[Il arrache le chapeau des mains de Vladimir, le*
jette par terre, saute dessus.] Comme ça il ne pensera plus!

VLADIMIR

Mais va-t-il pouvoir s'orienter?

great dark the air and the earth abode of stones in the great cold alas alas in the year of their Lord six hundred and something the air the earth the sea the earth abode of stones in the great deeps the great cold on sea on land and in the air I resume for reasons unknown in spite of the tennis the facts are there but time will tell I resume alas alas on on in short in fine on on abode of stones who can doubt it I resume but not so fast I resume the skull fading fading fading and concurrently simultaneously what is more for reasons unknown in spite of the tennis on on the beard the flames the tears the stones so blue so calm alas alas on on the skull the skull the skull the skull in Connemara in spite of the tennis the labors abandoned left unfinished graver still abode of stones in a word I resume alas alas abandoned unfinished the skull the skull in Connemara in spite of the tennis the skull alas the stones Cunard *[mêlée, final vociferations]* tennis . . . the stones . . . so calm . . . Cunard . . . unfinished . . .

Vladimir and Estragon protest violently. Pozzo jumps up, pulls on the rope. General outcry. Lucky pulls on the rope, staggers, shouts his text. All three throw themselves on Lucky who struggles and shouts his text.

POZZO

His hat!

Vladimir seizes Lucky's hat. Silence of Lucky. He falls. Silence. Panting of the victors.

ESTRAGON

Avenged!

Vladimir examines the hat, peers inside it.

POZZO

Give me that! *[He snatches the hat from Vladimir, throws it on the ground, tramples on it.]* There's an end to his thinking!

VLADIMIR

But will he be able to walk?

POZZO

C'est moi qui l'orienterai. *[Il donne des coups de pied à Lucky.]*
Debout! Porc!

ESTRAGON

Il est peut-être mort.

VLADIMIR

Vous allez le tuer.

POZZO

Debout! Charogne! *[Il tire sur la corde, Lucky glisse un peu.
A Estragon et Vladimir.]* Aidez-moi.

VLADIMIR

Mais comment faire?

POZZO

Soulevez-le!

*Estragon et Vladimir mettent Lucky debout, le soutiennent un moment,
puis le lâchent. Il retombe.*

ESTRAGON

Il fait exprès.

POZZO

Il faut le soutenir. *[Un temps.]* Allez, allez, soulevez-le!

ESTRAGON

Moi j'en ai marre.

VLADIMIR

Allons, essayons encore une fois.

POZZO

Walk or crawl! *[He kicks Lucky.]* Up pig!

ESTRAGON

Perhaps he's dead.

VLADIMIR

You'll kill him.

POZZO

Up scum! *[He jerks the rope.]* Help me!

VLADIMIR

How?

POZZO

Raise him up!

Vladimir and Estragon hoist Lucky to his feet, support him an instant, then let him go. He falls.

ESTRAGON

He's doing it on purpose!

POZZO

You must hold him. *[Pause.]* Come on, come on, raise him up.

ESTRAGON

To hell with him!

VLADIMIR

Come on, once more.

ESTRAGON
Pour qui nous prend-il?

VLADIMIR
Allons.

Ils mettent Lucky debout, le soutiennent.

POZZO
Ne le lâchez pas! *[Estragon et Vladimir chancellent.]* Ne bougez
pas! *[Pozzo va prendre la valise et le panier et les apporte vers
Lucky.]* Tenez-le bien! *[Il met la valise dans la main de Lucky, qui
la lâche aussitôt.]* Ne le lâchez pas! *[Il recommence. Peu à peu, au
contact de la valise, Lucky reprend ses esprits et ses doigts finissent
par se resserrer autour de la poignée.]* Tenez-le toujours! *[Même jeu
avec le panier.]* Voilà, vous pouvez le lâcher. *[Estragon et Vladimir
s'écartent de Lucky qui trébuche, chancelle, ploie, mais reste debout,
valise et panier à la main. Pozzo recule, fait claquer son fouet.]* En
avant! *[Lucky avance.]* Arrière! *[Lucky recule.]* Tourne! *[Lucky se
retourne.]* Ça y est, il peut marcher. *[Se tournant vers Estragon
et Vladimir.]* Merci, messieurs, et laissez-moi vous— *[il fouille
dans ses poches]*—vous souhaiter— *[il fouille]*—vous souhaiter
— *[il fouille]*—mais où ai-je donc mis ma montre? *[Il fouille.]*
Ça alors! *[Il lève une tête défaite.]* Une véritable savonnette, messieurs, à secondes trotteuses. C'est mon pépé qui me l'a donnée.
[Il fouille.] Elle est peut-être tombée. *[Il cherche par terre, ainsi
que Vladimir et Estragon. Pozzo retourne de son pied les restes du
chapeau de Lucky.]* Ça, par exemple!

VLADIMIR
Elle est peut-être dans votre gousset.

POZZO
Attendez. *[Il se plie en deux, approche sa tête de son ventre, écoute.]*
Je n'entends rien! *[Il leur fait signe de s'approcher.]* Venez voir.
*[Estragon et Vladimir vont vers lui, se penchent sur son ventre.
Silence.]* Il me semble qu'on devrait entendre le tic-tac.

ESTRAGON
   What does he take us for?

They raise Lucky, hold him up.

POZZO
   Don't let him go! *[Vladimir and Estragon totter.]* Don't move!
   [Pozzo fetches bag and basket and brings them towards Lucky.]
   Hold him tight! *[He puts the bag in Lucky's hand. Lucky drops it
   immediately.]* Don't let him go! *[He puts back the bag in Lucky's
   hand. Gradually, at the feel of the bag, Lucky recovers his senses
   and his fingers finally close round the handle.]* Hold him tight!
   [As before with basket.] Now! You can let him go. *[Vladimir and
   Estragon move away from Lucky who totters, reels, sags, but succeeds
   in remaining on his feet, bag and basket in his hands. Pozzo steps
   back, cracks his whip.]* Forward! *[Lucky totters forward.]* Back!
   [Lucky totters back.] Turn! *[Lucky turns.]* Done it! He can walk.
   [Turning to Vladimir and Estragon.] Thank you, gentlemen, and
   let me . . . *[he fumbles in his pockets]* . . . let me wish you . . .
   [fumbles] . . . wish you . . . *[fumbles]* . . . what have I done with
   my watch? *[Fumbles.]* A genuine half-hunter, gentlemen, with
   deadbeat escapement! *[Sobbing.]* Twas my granpa gave it to me!
   *[He searches on the ground, Vladimir and Estragon likewise. Pozzo
   turns over with his foot the remains of Lucky's hat.]* Well now isn't
   that just—

VLADIMIR
   Perhaps it's in your fob.

POZZO
   Wait! *[He doubles up in an attempt to apply his ear to his stomach,
   listens. Silence.]* I hear nothing. *[He beckons them to approach.
   Vladimir and Estragon go over to him, bend over his stomach.]*
   Surely one should hear the tick-tick.

VLADIMIR
Silence!

Tous écoutent, penchés.

ESTRAGON
J'entends quelque chose.

POZZO
Où?

VLADIMIR
C'est le cœur.

POZZO
[déçu] Merde alors!

VLADIMIR
Silence!

Ils écoutent.

ESTRAGON
Peut-être qu'elle s'est arrêtée.

Ils se redressent.

POZZO
Lequel de vous sent si mauvais?

ESTRAGON
Lui pue de la bouche, moi des pieds.

POZZO
Je vais vous quitter.

VLADIMIR
  Silence!

All listen, bent double.

ESTRAGON
  I hear something.

POZZO
  Where?

VLADIMIR
  It's the heart.

POZZO
  [disappointed] Damnation!

VLADIMIR
  Silence!

ESTRAGON
  Perhaps it has stopped.

They straighten up.

POZZO
  Which of you smells so bad?

ESTRAGON
  He has stinking breath and I have stinking feet.

POZZO
  I must go.

ESTRAGON
Et votre savonnette?

POZZO
J'ai dû la laisser au château.

ESTRAGON
Alors, adieu.

POZZO
Adieu.

VLADIMIR
Adieu.

ESTRAGON
Adieu.

Silence. Personne ne bouge.

VLADIMIR
Adieu.

POZZO
Adieu.

ESTRAGON
Adieu.

Silence.

POZZO
Et merci.

VLADIMIR
Merci à vous.

ESTRAGON
And your half-hunter?

POZZO
I must have left it at the manor.

Silence.

ESTRAGON
Then adieu.

POZZO
Adieu.

VLADIMIR
Adieu.

POZZO
Adieu.

Silence. No one moves.

VLADIMIR
Adieu.

POZZO
Adieu.

ESTRAGON
Adieu.

Silence.

POZZO
And thank you.

VLADIMIR
Thank *you.*

POZZO
De rien.

ESTRAGON
Mais si.

POZZO
Mais non.

VLADIMIR
Mais si.

ESTRAGON
Mais non.

Silence.

POZZO
Je n'arrive pas . . . *[il hésite]* . . . à partir.

ESTRAGON
C'est la vie.

Pozzo se retourne, s'éloigne de Lucky, vers la coulisse, filant la corde au fur et à mesure.

VLADIMIR
Vous allez dans le mauvais sens.

POZZO
Il me faut de l'élan. *[Arrivé au bout de la corde, c'est-à-dire dans la coulisse, il s'arrête, se retourne, crie.]* **Ecartez-vous!** *[Estragon et Vladimir se rangent au fond, regardent vers Pozzo. Bruit de fouet.]* **En avant!** *[Lucky ne bouge pas.]*

ESTRAGON
En avant!

POZZO
  Not at all.

ESTRAGON
  Yes yes.

POZZO
  No no.

VLADIMIR
  Yes yes.

ESTRAGON
  No no.

Silence.

POZZO
  I don't seem to be able . . . *[long hesitation]* . . . to depart.

ESTRAGON
  Such is life.

Pozzo turns, moves away from Lucky towards the wings, paying out the rope as he goes.

VLADIMIR
  You're going the wrong way.

POZZO
  I need a running start. *[Having come to the end of the rope, i.e. off stage, he stops, turns and cries.]* **Stand back!** *[Vladimir and Estragon stand back, look towards Pozzo. Crack of whip.]*
  On! On!

ESTRAGON
  On!

VLADIMIR

En avant!

Bruit de fouet. Lucky s'ébranle.

POZZO

Plus vite! *[Il sort de la coulisse, traverse la scène à la suite de Lucky. Estragon et Vladimir se découvrent, agitent la main. Lucky sort. Pozzo fait claquer corde et fouet.]* Plus vite! Plus vite! *[Au moment de disparaître à son tour, Pozzo s'arrête, se retourne. La corde se tend. Bruit de Lucky qui tombe.]* Mon pliant! *[Vladimir va chercher le pliant et le donne à Pozzo qui le jette vers Lucky.]* Adieu!

ESTRAGON, VLADIMIR

[agitant la main] Adieu! Adieu!

POZZO

Debout! Porc! *[Bruit de Lucky qui se lève.]* En avant! *[Pozzo sort. Bruit de fouet.]* En avant! Adieu! Plus vite! Porc! Hue! Adieu!

Silence.

VLADIMIR

Ça a fait passer le temps.

ESTRAGON

Il serait passé sans ça.

VLADIMIR

Oui. Mais moins vite.

Un temps.

ESTRAGON

Qu'est-ce qu'on fait maintenant?

VLADIMIR

Je ne sais pas.

VLADIMIR
On!

Lucky moves off.

POZZO
Faster! *[He appears, crosses the stage preceded by Lucky. Vladimir and Estragon wave their hats. Exit Lucky.]* On! On! *[On the point of disappearing in his turn he stops and turns. The rope tautens. Noise of Lucky falling off.]* Stool! *[Vladimir fetches stool and gives it to Pozzo who throws it to Lucky.]* Adieu!

VLADIMIR and ESTRAGON
[waving] Adieu! Adieu!

POZZO
Up! Pig! *[Noise of Lucky getting up.]* On! *[Exit Pozzo.]* Faster! On! Adieu! Pig! Yip! Adieu!

Long silence.

VLADIMIR
That passed the time.

ESTRAGON
It would have passed in any case.

VLADIMIR
Yes, but not so rapidly.

Pause.

ESTRAGON
What do we do now?

VLADIMIR
I don't know.

ESTRAGON

Allons-nous-en.

VLADIMIR

On ne peut pas.

ESTRAGON

Pourquoi?

VLADIMIR

On attend Godot.

ESTRAGON

C'est vrai.

Un temps.

VLADIMIR

Ils ont beaucoup changé.

ESTRAGON

Qui?

VLADIMIR

Ces deux-là.

ESTRAGON

C'est ça, faisons un peu de conversation.

VLADIMIR

N'est-ce pas qu'ils ont beaucoup changé?

ESTRAGON
   Let's go.

VLADIMIR
   We can't.

ESTRAGON
   Why not?

VLADIMIR
   We're waiting for Godot.

ESTRAGON
   [despairingly] Ah!

Pause.

VLADIMIR
   How they've changed!

ESTRAGON
   Who?

VLADIMIR
   Those two.

ESTRAGON
   That's the idea, let's make a little conversation.

VLADIMIR
   Haven't they?

ESTRAGON
   What?

VLADIMIR
   Changed.

ESTRAGON

C'est probable. Il n'y a que nous qui n'y arrivons pas.

VLADIMIR

Probable? C'est certain. Tu les as bien vus?

ESTRAGON

Si tu veux. Mais je ne les connais pas.

VLADIMIR

Mais si, tu les connais.

ESTRAGON

Mais non.

VLADIMIR

Nous les connaissons, je te dis. Tu oublies tout. *[Un temps.]*
A moins que ce ne soient pas les mêmes.

ESTRAGON

La preuve, ils ne nous ont pas reconnus.

VLADIMIR

Ça ne veut rien dire. Moi aussi j'ai fait semblant de ne pas les
reconnaître. Et puis, nous, on ne nous reconnaît jamais.

ESTRAGON

Assez. Ce qu'il faut—Aïe! *[Vladimir ne bronche pas.]* Aïe!

VLADIMIR

A moins que ce ne soient pas les mêmes.

ESTRAGON

Didi! C'est l'autre pied! *[Il se dirige en boitillant vers l'endroit où il
était assis au lever du rideau.]*

ESTRAGON

Very likely. They all change. Only we can't.

VLADIMIR

Likely! It's certain. Didn't you see them?

ESTRAGON

I suppose I did. But I don't know them.

VLADIMIR

Yes you do know them.

ESTRAGON

No I don't know them.

VLADIMIR

We know them, I tell you. You forget everything. *[Pause. To himself.]* Unless they're not the same . . .

ESTRAGON

Why didn't they recognize us then?

VLADIMIR

That means nothing. I too pretended not to recognize them. And then nobody ever recognizes us.

ESTRAGON

Forget it. What we need—ow! *[Vladimir does not react.]* Ow!

VLADIMIR

[to himself] Unless they're not the same . . .

ESTRAGON

Didi! It's the other foot! *[He goes hobbling towards the mound.]*

VLADIMIR

Unless they're not the same . . .

VOIX EN COULISSE
Monsieur!

Estragon s'arrête. Tous les deux regardent en direction de la voix.

ESTRAGON
Ça recommence.

VLADIMIR
Approche, mon enfant.

Entre un jeune garçon, craintivement. Il s'arrête.

GARÇON
Monsieur Albert?

VLADIMIR
C'est moi.

ESTRAGON
Qu'est-ce que tu veux?

VLADIMIR
Avance.

Le garçon ne bouge pas.

ESTRAGON
[avec force] Avance, on te dit!

Le garçon avance craintivement, s'arrête.

VLADIMIR
Qu'est-ce que c'est?

GARÇON
C'est monsieur Godot—*[Il se tait.]*

BOY

    [off] Mister!

Estragon halts. Both look towards the voice.

ESTRAGON

    Off we go again.

VLADIMIR

    Approach, my child.

Enter Boy, timidly. He halts.

BOY

    Mister Albert . . . ?

VLADIMIR

    Yes.

ESTRAGON

    What do you want?

VLADIMIR

    Approach!

The Boy does not move.

ESTRAGON

    [forcibly] Approach when you're told, can't you?

The Boy advances timidly, halts.

VLADIMIR

    What is it?

BOY

    Mr. Godot . . .

VLADIMIR

Evidemment. *[Un temps.]* Approche.

Le garçon ne bouge pas.

ESTRAGON

[avec force] Approche, on te dit! *[Le garçon avance craintivement, s'arrête.]* Pourquoi tu viens si tard?

VLADIMIR

Tu as un message de monsieur Godot?

GARÇON

Oui monsieur.

VLADIMIR

Eh bien, dis-le.

ESTRAGON

Pourquoi tu viens si tard?

Le garçon les regarde l'un après l'autre, ne sachant à qui répondre.

VLADIMIR

[à Estragon] Laisse-le tranquille.

ESTRAGON

[à Vladimir] Fous-moi la paix, toi. *[Avançant, au garçon.]* Tu sais l'heure qu'il est?

GARÇON

[reculant] Ce n'est pas ma faute, monsieur!

ESTRAGON

C'est la mienne peut-être?

GARÇON

J'avais peur, monsieur.

VLADIMIR

Obviously . . . *[Pause.]* Approach.

ESTRAGON

[violently] Will you approach! *[The Boy advances timidly.]* What kept you so late?

VLADIMIR

You have a message from Mr. Godot?

BOY

Yes Sir.

VLADIMIR

Well, what is it?

ESTRAGON

What kept you so late?

The Boy looks at them in turn, not knowing to which he should reply.

VLADIMIR

[to Estragon] Let him alone.

ESTRAGON

[violently] You let me alone. *[Advancing, to the Boy.]* Do you know what time it is?

BOY

[recoiling] It's not my fault, Sir.

ESTRAGON

And whose is it? Mine?

BOY

I was afraid, Sir.

ESTRAGON

Peur de quoi? De nous? *[Un temps.]* Réponds!

VLADIMIR

Je vois ce que c'est, ce sont les autres qui lui ont fait peur.

ESTRAGON

Il y a combien de temps que tu es là?

GARÇON

Il y a un moment, monsieur.

VLADIMIR

Tu as eu peur du fouet?

GARÇON

Oui monsieur.

VLADIMIR

Des cris?

GARÇON

Oui monsieur.

VLADIMIR

Des deux messieurs?

GARÇON

Oui monsieur.

VLADIMIR

Tu les connais.

GARÇON

Non monsieur.

VLADIMIR

Tu es d'ici?

ESTRAGON

Afraid of what? Of us? *[Pause.]* Answer me!

VLADIMIR

I know what it is, he was afraid of the others.

ESTRAGON

How long have you been here?

BOY

A good while, Sir.

VLADIMIR

You were afraid of the whip?

BOY

Yes Sir.

VLADIMIR

The roars?

BOY

Yes Sir.

VLADIMIR

The two big men.

BOY

Yes Sir.

VLADIMIR

Do you know them?

BOY

No Sir.

VLADIMIR

Are you a native of these parts? *[Silence.]* Do you belong to these parts?

GARÇON

Oui monsieur.

ESTRAGON

Tout ça c'est des mensonges! *[Il prend le garçon par le bras, le secoue.]* Dis-nous la vérité!

GARÇON

[tremblant] Mais c'est la vérité, monsieur.

VLADIMIR

Mais laisse-le donc tranquille! Qu'est-ce que tu as? *[Estragon lâche le garçon, recule, porte ses mains au visage. Vladimir et le garçon le regardent. Estragon découvre son visage, décomposé.]* Qu'est-ce que tu as?

ESTRAGON

Je suis malheureux.

VLADIMIR

Sans blague! Depuis quand?

ESTRAGON

J'avais oublié.

VLADIMIR

La mémoire nous joue de ces tours. *[Estragon veut parler, y renonce, va en boitillant s'asseoir et commence à se déchausser. Au garçon.]* Eh bien?

GARÇON

Monsieur Godot . . .

VLADIMIR

[l'interrompant] Je t'ai déjà vu, n'est-ce pas?

GARÇON

Je ne sais pas, monsieur.

BOY

    Yes Sir.

ESTRAGON

    That's all a pack of lies. *[Shaking the Boy by the arm.]* Tell us the truth!

BOY

    [trembling] But it is the truth, Sir!

VLADIMIR

    Will you let him alone! What's the matter with you? *[Estragon releases the Boy, moves away, covering his face with his hands. Vladimir and the Boy observe him. Estragon drops his hands. His face is convulsed.]* What's the matter with you?

ESTRAGON

    I'm unhappy.

VLADIMIR

    Not really! Since when?

ESTRAGON

    I'd forgotten.

VLADIMIR

    Extraordinary the tricks that memory plays! *[Estragon tries to speak, renounces, limps to his place, sits down and begins to take off his boots. To Boy.]* Well?

BOY

    Mr. Godot—

VLADIMIR

    I've seen you before, haven't I?

BOY

    I don't know, Sir.

VLADIMIR

Tu ne me connais pas?

GARÇON

Non monsieur.

VLADIMIR

Tu n'es pas venu hier?

GARÇON

Non monsieur.

VLADIMIR

C'est la première fois que tu viens?

GARÇON

Oui monsieur.

Silence.

VLADIMIR

On dit ça. *[Un temps.]* Eh bien, continue.

GARÇON

[d'un trait] Monsieur Godot m'a dit de vous dire qu'il ne viendra pas ce soir mais sûrement demain.

VLADIMIR

C'est tout?

GARÇON

Oui monsieur.

VLADIMIR
    You don't know me?

BOY
    No Sir.

VLADIMIR
    It wasn't you came yesterday?

BOY
    No Sir.

VLADIMIR
    This is your first time?

BOY
    Yes Sir.

Silence.

VLADIMIR
    Words words. *[Pause.]* Speak.

BOY
    [in a rush] Mr. Godot told me to tell you he won't come this evening but surely tomorrow.

Silence.

VLADIMIR
    Is that all?

BOY
    Yes Sir.

Silence.

VLADIMIR

Tu travailles pour monsieur Godot?

GARÇON

Oui monsieur.

VLADIMIR

Qu'est-ce que tu fais?

GARÇON

Je garde les chèvres, monsieur.

VLADIMIR

Il est gentil avec toi?

GARÇON

Oui monsieur.

VLADIMIR

Il ne te bat pas?

GARÇON

Non monsieur, pas moi.

VLADIMIR

Qui est-ce qu'il bat?

GARÇON

Il bat mon frère, monsieur.

VLADIMIR

Ah, tu as un frère?

GARÇON

Oui, monsieur.

VLADIMIR

Qu'est-ce qu'il fait?

VLADIMIR

    You work for Mr. Godot?

BOY

    Yes Sir.

VLADIMIR

    What do you do?

BOY

    I mind the goats, Sir.

VLADIMIR

    Is he good to you?

BOY

    Yes Sir.

VLADIMIR

    He doesn't beat you?

BOY

    No Sir, not me.

VLADIMIR

    Whom does he beat?

BOY

    He beats my brother, Sir.

VLADIMIR

    Ah, you have a brother?

BOY

    Yes Sir.

VLADIMIR

    What does he do?

GARÇON

Il garde les brebis, monsieur.

VLADIMIR

Et pourquoi il ne te bat pas, toi?

GARÇON

Je ne sais pas, monsieur.

VLADIMIR

Il doit t'aimer.

GARÇON

Je ne sais pas, monsieur.

VLADIMIR

Il te donne assez à manger? *[Le garçon hésite.]* Est-ce qu'il te donne bien à manger?

GARÇON

Assez bien, monsieur.

VLADIMIR

Tu n'es pas malheureux? *[Le garçon hésite.]* Tu entends?

GARÇON

Oui monsieur.

VLADIMIR

Et alors?

GARÇON

Je ne sais pas, monsieur.

VLADIMIR

Tu ne sais pas si tu es malheureux ou non?

BOY

He minds the sheep, Sir.

VLADIMIR

And why doesn't he beat you?

BOY

I don't know, Sir.

VLADIMIR

He must be fond of you.

BOY

I don't know, Sir.

Silence.

VLADIMIR

Does he give you enough to eat? *[The Boy hesitates.]* Does he feed you well?

BOY

Fairly well, Sir.

VLADIMIR

You're not unhappy? *[The Boy hesitates.]* Do you hear me?

BOY

Yes Sir.

VLADIMIR

Well?

BOY

I don't know, Sir.

VLADIMIR

You don't know if you're unhappy or not?

GARÇON

Non monsieur.

VLADIMIR

C'est comme moi. *[Un temps.]* Où c'est que tu couches?

GARÇON

Dans le grenier, monsieur.

VLADIMIR

Avec ton frère?

GARÇON

Oui monsieur.

VLADIMIR

Dans le foin?

GARÇON

Oui monsieur.

Un temps.

VLADIMIR

Bon, va-t'en.

GARÇON

Qu'est-ce que je dois dire à monsieur Godot, monsieur?

VLADIMIR

Dis-lui . . . *[Il hésite.]* Dis-lui que tu nous as vus. *[Un temps.]*
Tu nous as bien vus, n'est-ce pas?

GARÇON

Oui monsieur. *[Il recule, hésite, se retourne et sort en courant.]*

BOY

No Sir.

VLADIMIR

You're as bad as myself. *[Silence.]* Where do you sleep?

BOY

In the loft, Sir.

VLADIMIR

With your brother?

BOY

Yes Sir.

VLADIMIR

In the hay?

BOY

Yes Sir.

Silence.

VLADIMIR

All right, you may go.

BOY

What am I to tell Mr. Godot, Sir?

VLADIMIR

Tell him . . . *[he hesitates]* . . . tell him you saw us. *[Pause.]* You did see us, didn't you?

BOY

Yes Sir.

La lumière se met brusquement à baisser. En un instant il fait nuit. La lune se lève, au fond, monte dans le ciel, s'immobilise, baignant la scène d'une clarté argentée.

VLADIMIR

Enfin! *[Estragon se lève et va vers Vladimir, ses deux chaussures à la main. Il les dépose près de la rampe, se redresse et regarde la lune.]* Qu'est-ce que tu fais?

ESTRAGON

Je fais comme toi, je regarde la blafarde.

VLADIMIR

Je veux dire, avec tes chaussures.

ESTRAGON

Je les laisse là. *[Un temps.]* Un autre viendra, aussi . . . aussi . . . que moi, mais chaussant moins grand, et elles feront son bonheur.

VLADIMIR

Mais tu ne peux pas aller pieds nus.

ESTRAGON

Jésus l'a fait.

VLADIMIR

Jésus! Qu'est-ce que tu vas chercher là! Tu ne vas tout de même pas te comparer à lui?

ESTRAGON

Toute ma vie je me suis comparé à lui.

He steps back, hesitates, turns and exit running. The light suddenly fails.
In a moment it is night. The moon rises at back, mounts in the sky,
stands still, shedding a pale light on the scene.

VLADIMIR

At last! *[Estragon gets up and goes towards Vladimir, a boot in*
each hand. He puts them down at edge of stage, straightens and
contemplates the moon.] What are you doing?

ESTRAGON

Pale for weariness.

VLADIMIR

Eh?

ESTRAGON

Of climbing heaven and gazing on the likes of us.

VLADIMIR

Your boots, what are you doing with your boots?

ESTRAGON

[turning to look at the boots] I'm leaving them there. *[Pause.]*
Another will come, just as . . . as . . . as me, but with smaller
feet, and they'll make him happy.

VLADIMIR

But you can't go barefoot!

ESTRAGON

Christ did.

VLADIMIR

Christ! What has Christ got to do with it. You're not going to
compare yourself to Christ!

ESTRAGON

All my life I've compared myself to him.

VLADIMIR

Mais là-bas il faisait chaud! Il faisait bon!

ESTRAGON

Oui. Et on crucifiait vite.

Silence.

VLADIMIR

Nous n'avons plus rien à faire ici.

ESTRAGON

Ni ailleurs.

VLADIMIR

Voyons, Gogo, ne sois pas comme ça. Demain tout ira mieux.

ESTRAGON

Comment ça?

VLADIMIR

Tu n'as pas entendu ce que le gosse a dit?

ESTRAGON

Non.

VLADIMIR

Il a dit que Godot viendra sûrement demain. *[Un temps.]* Ça ne te dit rien?

ESTRAGON

Alors il n'y a qu'à attendre ici.

VLADIMIR
But where he lived it was warm, it was dry!

ESTRAGON
Yes. And they crucified quick.

Silence.

VLADIMIR
We've nothing more to do here.

ESTRAGON
Nor anywhere else.

VLADIMIR
Ah Gogo, don't go on like that. Tomorrow everything will be better.

ESTRAGON
How do you make that out?

VLADIMIR
Did you not hear what the child said?

ESTRAGON
No.

VLADIMIR
He said that Godot was sure to come tomorrow. *[Pause.]* What do you say to that?

ESTRAGON
Then all we have to do is to wait on here.

VLADIMIR

Tu es fou! Il faut s'abriter. *[Il prend Estragon par le bras.]* Viens.
[Il le tire. Estragon cède d'abord, puis résiste. Ils s'arrêtent.]

ESTRAGON

[regardant l'arbre] Dommage qu'on n'ait pas un bout de corde.

VLADIMIR

Viens. Il commence à faire froid. *[Il le tire. Même jeu.]*

ESTRAGON

Fais-moi penser d'apporter une corde demain.

VLADIMIR

Oui. Viens. *[Il le tire. Même jeu.]*

ESTRAGON

Ça fait combien de temps que nous sommes tout le temps
ensemble?

VLADIMIR

Je ne sais pas. Cinquante ans peut-être.

ESTRAGON

Tu te rappelles le jour où je me suis jeté dans la Durance?

VLADIMIR

On faisait les vendanges.

ESTRAGON

Tu m'as repêché.

VLADIMIR

Are you mad? We must take cover. *[He takes Estragon by the arm.]* Come on.

He draws Estragon after him. Estragon yields, then resists. They halt.

ESTRAGON

[looking at the tree] Pity we haven't got a bit of rope.

VLADIMIR

Come on. It's cold.

He draws Estragon after him. As before.

ESTRAGON

Remind me to bring a bit of rope tomorrow.

VLADIMIR

Yes. Come on.

He draws him after him. As before.

ESTRAGON

How long have we been together all the time now?

VLADIMIR

I don't know. Fifty years maybe.

ESTRAGON

Do you remember the day I threw myself into the Rhône?

VLADIMIR

We were grape harvesting.

ESTRAGON

You fished me out.

VLADIMIR

Tout ça est mort et enterré.

ESTRAGON

Mes vêtements ont séché au soleil.

VLADIMIR

N'y pense plus, va. Viens. *[Même jeu.]*

ESTRAGON

Attends.

VLADIMIR

J'ai froid.

ESTRAGON

Je me demande si on n'aurait pas mieux fait de rester seuls, chacun de son côté. *[Un temps].* On n'était pas fait pour le même chemin.

VLADIMIR

[sans se fâcher] Ce n'est pas sûr.

ESTRAGON

Non, rien n'est sûr.

VLADIMIR

On peut toujours se quitter, si tu crois que ça vaut mieux.

ESTRAGON

Maintenant ce n'est plus la peine.

Silence.

VLADIMIR
    That's all dead and buried.

ESTRAGON
    My clothes dried in the sun.

VLADIMIR
    There's no good harking back on that. Come on.

He draws him after him. As before.

ESTRAGON
    Wait!

VLADIMIR
    I'm cold!

ESTRAGON
    Wait! *[He moves away from Vladimir.]* I sometimes wonder if we wouldn't have been better off alone, each one for himself. *[He crosses the stage and sits down on the mound.]* We weren't made for the same road.

VLADIMIR
    [without anger] It's not certain.

ESTRAGON
    No, nothing is certain.

Vladimir slowly crosses the stage and sits down beside Estragon.

VLADIMIR
    We can still part, if you think it would be better.

ESTRAGON
    It's not worth while now.

Silence.

C'est vrai, maintenant ce n'est plus la peine.

Silence.

Alors, on y va?

Allons-y.

Ils ne bougent pas.

Rideau

VLADIMIR
No, it's not worth while now.

Silence.

ESTRAGON
Well, shall we go?

VLADIMIR
Yes, let's go.

They do not move.

Curtain

ACTE DEUXIÈME

Lendemain. Même heure.

Même endroit.

Chaussures d'Estragon près de la rampe, talons joints, bouts écartés.
Chapeau de Lucky à la même place.

L'arbre porte quelques feuilles.

ACT II

Next day. Same time.

Same place.

Estragon's boots front center, heels together, toes splayed. Lucky's hat at same place.

The tree has four or five leaves.

Entre Vladimir, vivement. Il s'arrête et regarde longuement l'arbre. Puis brusquement il se met à arpenter vivement la scène dans tous les sens. Il s'immobilise à nouveau devant les chaussures, se baisse, en ramasse une, l'examine, la renifle, la remet soigneusement à sa place. Il reprend son va-et-vient précipité. Il s'arrête près de la coulisse droite, regarde longuement au loin, la main en écran devant les yeux. Va et vient. S'arrête près de la coulisse gauche, même jeu. Va et vient. S'arrête brusquement, joint les mains sur la poitrine, rejette la tête en arrière et se met à chanter à tue-tête.

VLADIMIR
Un chien vint dans . . .

Enter Vladimir agitatedly. He halts and looks long at the tree, then sud-
denly begins to move feverishly about the stage. He halts before the boots,
picks one up, examines it, sniffs it, manifests disgust, puts it back careful-
ly. Comes and goes. Halts extreme right and gazes into distance off, shad-
ing his eyes with his hand. Comes and goes. Halts extreme left, as before.
Comes and goes. Halts suddenly and begins to sing loudly.

VLADIMIR
    A dog came in—

Ayant commencé trop bas, il s'arrête, tousse, reprend plus haut:

Un chien vint dans l'office
Et prit une andouillette.
Alors à coups de louche
Le chef le mit en miettes.

Les autres chiens ce voyant
Vite vite l'ensevelirent . . .

Il s'arrête, se recueille, puis reprend:

Les autres chiens ce voyant
Vite vite l'ensevelirent
Au pied d'une croix en bois blanc
Où le passant pouvait lire:
Un chien vint dans l'office
Et prit une andouillette.
Alors à coups de louche
Le chef le mit en miettes.
Les autres chiens ce voyant
Vite vite l'ensevelirent . . .

Il s'arrête. Même jeu.

Les autres chiens ce voyant
Vite vite l'ensevelirent . . .

Il s'arrête. Même jeu. Plus bas.

Vite vite l'ensevelirent . . .

*Il se tait, reste un moment immobile, puis se remet à arpenter fébrile-
ment la scène dans tous les sens. Il s'arrête à nouveau devant l'arbre, va
et vient, devant les chaussures, va et vient, court à la coulisse gauche,
regarde au loin, à la coulisse droite, regarde au loin. A ce moment
Estragon entre par la coulisse gauche, pieds nus, tête basse, et traverse
lentement la scène. Vladimir se retourne et le voit.*

192

Having begun too high he stops, clears his throat, resumes:

> A dog came in the kitchen
> And stole a crust of bread.
> Then cook up with a ladle
> And beat him till he was dead.

> Then all the dogs came running
> And dug the dog a tomb—

He stops, broods, resumes:

> Then all the dogs came running
> And dug the dog a tomb
> And wrote upon the tombstone
> For the eyes of dogs to come:

> A dog came in the kitchen
> And stole a crust of bread.
> Then cook up with a ladle
> And beat him till he was dead.

> Then all the dogs came running
> And dug the dog a tomb—

He stops, broods, resumes:

> Then all the dogs came running
> And dug the dog a tomb—

He stops, broods. Softly.

> And dug the dog a tomb . . .

He remains a moment silent and motionless, then begins to move fever-ishly about the stage. He halts before the tree, comes and goes, before the boots, comes and goes, halts extreme right, gazes into distance, extreme left, gazes into distance. Enter Estragon right, barefoot, head bowed. He slowly crosses the stage. Vladimir turns and sees him.

193

VLADIMIR

Encore toi! *[Estragon s'arrête mais ne lève pas la tête. Vladimir va vers lui.]* Viens que je t'embrasse!

ESTRAGON

Ne me touche pas!

Vladimir suspend son vol, peiné.

Silence.

VLADIMIR

Veux-tu que je m'en aille? *[Un temps.]* Gogo! *[Un temps. Vladimir le regarde avec attention.]* On t'a battu? *[Un temps.]* Gogo! *[Estragon se tait toujours, la tête basse.]* Où as-tu passé la nuit? *[Silence. Vladimir avance.]*

ESTRAGON

Ne me touche pas! Ne me demande rien! Ne me dis rien! Reste avec moi!

VLADIMIR

Est-ce que je t'ai jamais quitté?

ESTRAGON

Tu m'as laissé partir.

VLADIMIR

Regarde-moi! *[Estragon ne bouge pas. D'une voix tonnante.]* Regarde-moi, je te dis!

Estragon lève la tête. Ils se regardent longuement, en reculant, avançant et penchant la tête comme devant un objet d'art, tremblant de plus en plus l'un vers l'autre, puis soudain s'étreignent, en se tapant sur le dos. Fin de l'étreinte. Estragon, n'étant plus soutenu, manque de tomber.

ESTRAGON

Quelle journée!

VLADIMIR

You again! *[Estragon halts but does not raise his head. Vladimir goes towards him.]* Come here till I embrace you.

ESTRAGON

Don't touch me!

Vladimir holds back, pained.

VLADIMIR

Do you want me to go away? *[Pause.]* Gogo! *[Pause. Vladimir observes him attentively.]* Did they beat you? *[Pause.]* Gogo! *[Estragon remains silent, head bowed.]* Where did you spend the night?

ESTRAGON

Don't touch me! Don't question me! Don't speak to me! Stay with me!

VLADIMIR

Did I ever leave you?

ESTRAGON

You let me go.

VLADIMIR

Look at me. *[Estragon does not raise his head. Violently.]* Will you look at me!

Estragon raises his head. They look long at each other, then suddenly embrace, clapping each other on the back. End of the embrace. Estragon, no longer supported, almost falls.

ESTRAGON

What a day!

VLADIMIR

Qui t'a esquinté? Raconte-moi.

ESTRAGON

Voilà encore une journée de tirée.

VLADIMIR

Pas encore.

ESTRAGON

Pour moi elle est terminée, quoi qu'il arrive. *[Silence.]* Tout à l'heure, tu chantais, je t'ai entendu.

VLADIMIR

C'est vrai, je me rappelle.

ESTRAGON

Cela m'a fait de la peine. Je me disais, Il est seul, il me croit parti pour toujours et il chante.

VLADIMIR

On ne commande pas à son humeur. Toute la journée je me suis senti dans une forme extraordinaire. *[Un temps.]* Je ne me suis pas levé de la nuit, pas une seule fois.

ESTRAGON

[tristement] Tu vois, tu pisses mieux quand je ne suis pas là.

VLADIMIR

Tu me manquais—et en même temps j'étais content. N'est-ce pas curieux?

ESTRAGON

[outré] Content?

VLADIMIR

[ayant réfléchi] Ce n'est peut-être pas le mot.

196

VLADIMIR

Who beat you? Tell me.

ESTRAGON

Another day done with.

VLADIMIR

Not yet.

ESTRAGON

For me it's over and done with, no matter what happens.
[Silence.] I heard you singing.

VLADIMIR

That's right, I remember.

ESTRAGON

That finished me. I said to myself, He's all alone, he thinks I'm
gone for ever, and he sings.

VLADIMIR

One is not master of one's moods. All day I've felt in great form.
[Pause.] I didn't get up in the night, not once!

ESTRAGON

[sadly] You see, you piss better when I'm not there.

VLADIMIR

I missed you . . . and at the same time I was happy. Isn't that a
queer thing?

ESTRAGON

[shocked] Happy?

VLADIMIR

Perhaps it's not quite the right word.

ESTRAGON

   Et maintenant?

VLADIMIR

   [s'étant consulté] Maintenant . . . *[joyeux]* te revoilà . . . *[neutre]*
   nous revoilà . . . *[triste]* me revoilà.

ESTRAGON

   Tu vois, tu vas moins bien quand je suis là. Moi aussi, je me sens
   mieux seul.

VLADIMIR

   [piqué] Alors pourquoi rappliquer?

ESTRAGON

   Je ne sais pas.

VLADIMIR

   Mais moi je le sais. Parce que tu ne sais pas te défendre. Moi je
   ne t'aurais pas laissé battre.

ESTRAGON

   Tu n'aurais pas pu l'empêcher.

VLADIMIR

   Pourquoi?

ESTRAGON

   Ils étaient dix.

VLADIMIR

   Mais non, je veux dire que je t'aurais empêché de t'exposer à être
   battu.

ESTRAGON

   Je ne faisais rien.

VLADIMIR

   Alors pourquoi ils t'ont battu?

ESTRAGON

And now?

VLADIMIR

Now? . . . *[Joyous.]* There you are again . . . *[Indifferent.]* There we are again . . . *[Gloomy.]* There I am again.

ESTRAGON

You see, you feel worse when I'm with you. I feel better alone too.

VLADIMIR

[vexed] Then why do you always come crawling back?

ESTRAGON

I don't know.

VLADIMIR

No, but I do. It's because you don't know how to defend yourself. I wouldn't have let them beat you.

ESTRAGON

You couldn't have stopped them.

VLADIMIR

Why not?

ESTRAGON

There was ten of them.

VLADIMIR

No, I mean before they beat you. I would have stopped you from doing whatever it was you were doing.

ESTRAGON

I wasn't doing anything.

VLADIMIR

Then why did they beat you?

ESTRAGON

Je ne sais pas.

VLADIMIR

Non, vois-tu, Gogo, il y a des choses qui t'échappent qui ne
m'échappent pas à moi. Tu dois le sentir.

ESTRAGON

Je te dis que je ne faisais rien.

VLADIMIR

Peut-être bien que non. Mais il y a la manière, il y a la manière,
si on tient à sa peau. Enfin, ne parlons plus de ça. Te voilà reve-
nu, et j'en suis bien content.

ESTRAGON

Ils étaient dix.

VLADIMIR

Toi aussi, tu dois être content, au fond, avoue-le.

ESTRAGON

Content de quoi?

VLADIMIR

De m'avoir retrouvé.

ESTRAGON

Tu crois?

VLADIMIR

Dis-le, même si ce n'est pas vrai.

ESTRAGON

Qu'est-ce que je dois dire?

VLADIMIR

Dis, Je suis content.

ESTRAGON

I don't know.

VLADIMIR

Ah no, Gogo, the truth is there are things escape you that don't escape me, you must feel it yourself.

ESTRAGON

I tell you I wasn't doing anything.

VLADIMIR

Perhaps you weren't. But it's the way of doing it that counts, the way of doing it, if you want to go on living.

ESTRAGON

I wasn't doing anything.

VLADIMIR

You must be happy too, deep down, if you only knew it.

ESTRAGON

Happy about what?

VLADIMIR

To be back with me again.

ESTRAGON

Would you say so?

VLADIMIR

Say you are, even if it's not true.

ESTRAGON

What am I to say?

VLADIMIR

Say, I am happy.

ESTRAGON

Je suis content.

VLADIMIR

Moi aussi.

ESTRAGON

Moi aussi.

VLADIMIR

Nous sommes contents.

ESTRAGON

Nous sommes contents. *[Silence.]* Qu'est-ce qu'on fait, maintenant qu'on est content?

VLADIMIR

On attend Godot.

ESTRAGON

C'est vrai.

Silence.

VLADIMIR

Il y a du nouveau ici, depuis hier.

ESTRAGON

Et s'il ne vient pas?

VLADIMIR

[après un moment d'incompréhension] Nous aviserons. *[Un temps.]* Je te dis qu'il y a du nouveau ici, depuis hier.

ESTRAGON

Tout suinte.

VLADIMIR

Regarde-moi l'arbre.

ESTRAGON
   I am happy.

VLADIMIR
   So am I.

ESTRAGON
   So am I.

VLADIMIR
   We are happy.

ESTRAGON
   We are happy. *[Silence.]* What do we do now, now that we are
   happy?

VLADIMIR
   Wait for Godot. *[Estragon groans. Silence.]* Things have changed
   here since yesterday.

ESTRAGON
   And if he doesn't come?

VLADIMIR
   [after a moment of bewilderment] We'll see when the time comes.
   [Pause.] I was saying that things have changed here since
   yesterday.

ESTRAGON
   Everything oozes.

VLADIMIR
   Look at the tree.

ESTRAGON

On ne descend pas deux fois dans le même pus.

VLADIMIR

L'arbre, je te dis, regarde-le.

Estragon regarde l'arbre.

ESTRAGON

Il n'était pas là hier?

VLADIMIR

Mais si. Tu ne te rappelles pas. Il s'en est fallu d'un cheveu qu'on ne s'y soit pendu. *[Il réfléchit.]* Oui, c'est juste *[en détachant les mots]* qu'on-ne-s'y-soit-pendu. Mais tu n'as pas voulu. Tu ne te rappelles pas?

ESTRAGON

Tu l'as rêvé.

VLADIMIR

Est-ce possible que tu aies oublié déjà?

ESTRAGON

Je suis comme ça. Ou j'oublie tout de suite ou je n'oublie jamais.

VLADIMIR

Et Pozzo et Lucky, tu as oublié aussi?

ESTRAGON

Pozzo et Lucky?

VLADIMIR

Il a tout oublié!

ESTRAGON

Je me rappelle un énergumène qui m'a foutu des coups de pied. Ensuite il a fait le con.

ESTRAGON

It's never the same pus from one second to the next.

VLADIMIR

The tree, look at the tree.

Estragon looks at the tree.

ESTRAGON

Was it not there yesterday?

VLADIMIR

Yes of course it was there. Do you not remember? We nearly hanged ourselves from it. But you wouldn't. Do you not remember?

ESTRAGON

You dreamt it.

VLADIMIR

Is it possible you've forgotten already?

ESTRAGON

That's the way I am. Either I forget immediately or I never forget.

VLADIMIR

And Pozzo and Lucky, have you forgotten them too?

ESTRAGON

Pozzo and Lucky?

VLADIMIR

He's forgotten everything!

ESTRAGON

I remember a lunatic who kicked the shins off me. Then he played the fool.

VLADIMIR

C'était Lucky!

ESTRAGON

Ça, je m'en souviens. Mais quand c'était?

VLADIMIR

Et l'autre qui le menait, tu t'en souviens aussi?

ESTRAGON

Il m'a donné des os.

VLADIMIR

C'était Pozzo!

ESTRAGON

Et tu dis que c'était hier, tout ça?

VLADIMIR

Mais oui, voyons.

ESTRAGON

Et à cet endroit?

VLADIMIR

Mais bien sûr! Tu ne reconnais pas?

ESTRAGON

[soudain furieux] Reconnais! Qu'est-ce qu'il y a à reconnaître?
J'ai tiré ma roulure de vie au milieu des sables! Et tu veux que j'y
voie des nuances! *[Regard circulaire.]* Regarde-moi cette saloperie!
Je n'en ai jamais bougé!

VLADIMIR

Du calme, du calme.

ESTRAGON

Alors fous-moi la paix avec tes paysages! Parle-moi du sous-sol!

VLADIMIR

That was Lucky.

ESTRAGON

I remember that. But when was it?

VLADIMIR

And his keeper, do you not remember him?

ESTRAGON

He gave me a bone.

VLADIMIR

That was Pozzo.

ESTRAGON

And all that was yesterday, you say?

VLADIMIR

Yes of course it was yesterday.

ESTRAGON

And here where we are now?

VLADIMIR

Where else do you think? Do you not recognize the place?

ESTRAGON

[suddenly furious] Recognize! What is there to recognize? All my lousy life I've crawled about in the mud! And you talk to me about scenery! [Looking wildly about him.] Look at this muck-heap! I've never stirred from it!

VLADIMIR

Calm yourself, calm yourself.

ESTRAGON

You and your landscapes! Tell me about the worms!

VLADIMIR

Tout de même, tu ne vas pas me dire que ça *[geste]* ressemble au Vaucluse! Il y a quand même une grosse différence.

ESTRAGON

Le Vaucluse! Qui te parle du Vaucluse?

VLADIMIR

Mais tu as bien été dans le Vaucluse?

ESTRAGON

Mais non, je n'ai jamais été dans le Vaucluse! J'ai coulé toute ma chaude-pisse d'existence ici, je te dis! Ici! Dans la Merdecluse!

VLADIMIR

Pourtant nous avons été ensemble dans le Vaucluse, j'en mettrais ma main au feu. Nous avons fait les vendanges, tiens, chez un nommé Bonnelly, à Roussillon.

ESTRAGON

[plus calme] C'est possible. Je n'ai rien remarqué.

VLADIMIR

Mais là-bas tout est rouge!

ESTRAGON

[excédé] Je n'ai rien remarqué, je te dis!

Silence. Vladimir soupire profondément.

VLADIMIR

Tu es difficile à vivre, Gogo.

ESTRAGON

On ferait mieux de se séparer.

VLADIMIR
All the same, you can't tell me that this *[gesture]* bears any resemblance to . . . *[he hesitates]* . . . to the Mâcon country for example. You can't deny there's a big difference.

ESTRAGON
The Mâcon country! Who's talking to you about the Mâcon country?

VLADIMIR
But you were there yourself, in the Mâcon country.

ESTRAGON
No I was never in the Mâcon country! I've puked my puke of a life away here, I tell you! Here! In the Cackon country!

VLADIMIR
But we were there together, I could swear to it! Picking grapes for a man called . . . *[he snaps his fingers]* . . . can't think of the name of the man, at a place called . . . *[snaps his fingers]* . . . can't think of the name of the place, do you not remember?

ESTRAGON
[a little calmer] It's possible. I didn't notice anything.

VLADIMIR
But down there everything is red!

ESTRAGON
[exasperated] I didn't notice anything, I tell you!

Silence. Vladimir sighs deeply.

VLADIMIR
You're a hard man to get on with, Gogo.

ESTRAGON
It'd be better if we parted.

VLADIMIR

Tu dis toujours ça. Et chaque fois tu reviens.

Silence.

ESTRAGON

Pour bien faire, il faudrait me tuer, comme l'autre.

VLADIMIR

Quel autre? *[Un temps.]* Quel autre?

ESTRAGON

Comme des billions d'autres.

VLADIMIR

[sentencieux] A chacun sa petite croix. *[Il soupire.]* Pendant le petit pendant et le bref après.

ESTRAGON

En attendant, essayons de converser sans nous exalter, puisque nous sommes incapables de nous taire.

VLADIMIR

C'est vrai, nous sommes intarissables.

ESTRAGON

C'est pour ne pas penser.

VLADIMIR

Nous avons des excuses.

ESTRAGON

C'est pour ne pas entendre.

VLADIMIR

Nous avons nos raisons.

ESTRAGON

Toutes les voix mortes.

VLADIMIR

You always say that and you always come crawling back.

ESTRAGON

The best thing would be to kill me, like the other.

VLADIMIR

What other? *[Pause.]* What other?

ESTRAGON

Like billions of others.

VLADIMIR

[sententious] To every man his little cross. *[He sighs.]* Till he dies. *[Afterthought.]* And is forgotten.

ESTRAGON

In the meantime let us try and converse calmly, since we are incapable of keeping silent.

VLADIMIR

You're right, we're inexhaustible.

ESTRAGON

It's so we won't think.

VLADIMIR

We have that excuse.

ESTRAGON

It's so we won't hear.

VLADIMIR

We have our reasons.

ESTRAGON

All the dead voices.

VLADIMIR
Ça fait un bruit d'ailes.

ESTRAGON
De feuilles.

VLADIMIR
De sable.

ESTRAGON
De feuilles.

Silence.

VLADIMIR
Elles parlent toutes en même temps.

ESTRAGON
Chacune à part soi.

Silence.

VLADIMIR
Plutôt elles chuchotent.

ESTRAGON
Elles murmurent.

VLADIMIR
Elles bruissent.

ESTRAGON
Elles murmurent.

Silence.

VLADIMIR
Que disent-elles?

VLADIMIR
They make a noise like wings.

ESTRAGON
Like leaves.

VLADIMIR
Like sand.

ESTRAGON
Like leaves.

Silence.

VLADIMIR
They all speak at once.

ESTRAGON
Each one to itself.

Silence.

VLADIMIR
Rather they whisper.

ESTRAGON
They rustle.

VLADIMIR
They murmur.

ESTRAGON
They rustle.

Silence.

VLADIMIR
What do they say?

ESTRAGON

Elles parlent de leur vie.

VLADIMIR

Il ne leur suffit pas d'avoir vécu.

ESTRAGON

Il faut qu'elles en parlent.

VLADIMIR

Il ne leur suffit pas d'être mortes.

ESTRAGON

Ce n'est pas assez.

Silence.

VLADIMIR

Ça fait comme un bruit de plumes.

ESTRAGON

De feuilles.

VLADIMIR

De cendres.

ESTRAGON

De feuilles.

Long silence.

VLADIMIR

Dis quelque chose!

ESTRAGON

Je cherche.

Long silence.

ESTRAGON

They talk about their lives.

VLADIMIR

To have lived is not enough for them.

ESTRAGON

They have to talk about it.

VLADIMIR

To be dead is not enough for them.

ESTRAGON

It is not sufficient.

Silence.

VLADIMIR

They make a noise like feathers.

ESTRAGON

Like leaves.

VLADIMIR

Likes ashes.

ESTRAGON

Like leaves.

Long silence.

VLADIMIR

Say something!

ESTRAGON

I'm trying.

Long silence.

VLADIMIR

[angoissé] Dis n'importe quoi!

ESTRAGON

Qu'est-ce qu'on fait maintenant?

VLADIMIR

On attend Godot.

ESTRAGON

C'est vrai.

Silence.

VLADIMIR

Ce que c'est difficile!

ESTRAGON

Si tu chantais?

VLADIMIR

Non non. *[Il cherche.]* On n'a qu'à recommencer.

ESTRAGON

Ça ne me semble pas bien difficile, en effet.

VLADIMIR

C'est le départ qui est difficile.

ESTRAGON

On peut partir de n'importe quoi.

VLADIMIR

Oui, mais il faut se décider.

ESTRAGON

C'est vrai.

Silence.

VLADIMIR
   [in anguish] Say anything at all!

ESTRAGON
   What do we do now?

VLADIMIR
   Wait for Godot.

ESTRAGON
   Ah!

Silence.

VLADIMIR
   This is awful!

ESTRAGON
   Sing something.

VLADIMIR
   No no! *[He reflects.]* We could start all over again perhaps.

ESTRAGON
   That should be easy.

VLADIMIR
   It's the start that's difficult.

ESTRAGON
   You can start from anything.

VLADIMIR
   Yes, but you have to decide.

ESTRAGON
   True.

Silence.

VLADIMIR
Aide-moi!

ESTRAGON
Je cherche.

Silence.

VLADIMIR
Quand on cherche on entend.

ESTRAGON
C'est vrai.

VLADIMIR
Ça empêche de trouver.

ESTRAGON
Voilà.

VLADIMIR
Ça empêche de penser.

ESTRAGON
On pense quand même.

VLADIMIR
Mais non, c'est impossible.

ESTRAGON
C'est ça, contredisons-nous.

VLADIMIR
Impossible.

ESTRAGON
Tu crois?

VLADIMIR
Help me!

ESTRAGON
I'm trying.

Silence.

VLADIMIR
When you seek you hear.

ESTRAGON
You do.

VLADIMIR
That prevents you from finding.

ESTRAGON
It does.

VLADIMIR
That prevents you from thinking.

ESTRAGON
You think all the same.

VLADIMIR
No no, it's impossible.

ESTRAGON
That's the idea, let's contradict each another.

VLADIMIR
Impossible.

ESTRAGON
You think so?

VLADIMIR

Nous ne risquons plus de penser.

ESTRAGON

Alors de quoi nous plaignons-nous?

VLADIMIR

Ce n'est pas le pire, de penser.

ESTRAGON

Bien sûr, bien sûr, mais c'est déjà ça.

VLADIMIR

Comment, c'est déjà ça?

ESTRAGON

C'est ça, posons-nous des questions.

VLADIMIR

Qu'est-ce que tu veux dire, c'est déjà ça?

ESTRAGON

C'est déjà ça en moins.

VLADIMIR

Evidemment.

ESTRAGON

Alors? Si on s'estimait heureux?

VLADIMIR

Ce qui est terrible, c'est d'avoir pensé.

ESTRAGON

Mais cela nous est-il jamais arrivé?

VLADIMIR

D'où viennent tous ces cadavres?

VLADIMIR

We're in no danger of ever thinking any more.

ESTRAGON

Then what are we complaining about?

VLADIMIR

Thinking is not the worst.

ESTRAGON

Perhaps not. But at least there's that.

VLADIMIR

That what?

ESTRAGON

That's the idea, let's ask each other questions.

VLADIMIR

What do you mean, at least there's that?

ESTRAGON

That much less misery.

VLADIMIR

True.

ESTRAGON

Well? If we gave thanks for our mercies?

VLADIMIR

What is terrible is to *have* thought.

ESTRAGON

But did that ever happen to us?

VLADIMIR

Where are all these corpses from?

ESTRAGON

Ces ossements.

VLADIMIR

Voilà.

ESTRAGON

Evidemment.

VLADIMIR

On a dû penser un peu.

ESTRAGON

Tout à fait au commencement.

VLADIMIR

Un charnier, un charnier.

ESTRAGON

Il n'y a qu'à ne pas regarder.

VLADIMIR

Ça tire l'œil.

ESTRAGON

C'est vrai.

VLADIMIR

Malgré qu'on en ait.

ESTRAGON

Comment?

VLADIMIR

Malgré qu'on en ait.

ESTRAGON

Il faudrait se tourner résolument vers la nature.

ESTRAGON

    These skeletons.

VLADIMIR

    Tell me that.

ESTRAGON

    True.

VLADIMIR

    We must have thought a little.

ESTRAGON

    At the very beginning.

VLADIMIR

    A charnel-house! A charnel-house!

ESTRAGON

    You don't have to look.

VLADIMIR

    You can't help looking.

ESTRAGON

    True.

VLADIMIR

    Try as one may.

ESTRAGON

    I beg your pardon?

VLADIMIR

    Try as one may.

ESTRAGON

    We should turn resolutely towards Nature.

VLADIMIR

Nous avons essayé.

ESTRAGON

C'est vrai.

VLADIMIR

Oh, ce n'est pas le pire, bien sûr.

ESTRAGON

Quoi donc?

VLADIMIR

D'avoir pensé.

ESTRAGON

Evidemment.

VLADIMIR

Mais on s'en serait passé.

ESTRAGON

Qu'est-ce que tu veux?

VLADIMIR

Je sais, je sais.

Silence.

ESTRAGON

Ce n'était pas si mal comme petit galop.

VLADIMIR
   We've tried that.

ESTRAGON
   True.

VLADIMIR
   Oh it's not the worst, I know.

ESTRAGON
   What?

VLADIMIR
   To have thought.

ESTRAGON
   Obviously.

VLADIMIR
   But we could have done without it.

ESTRAGON
   Que voulez-vous?

VLADIMIR
   I beg your pardon?

ESTRAGON
   Que voulez-vouz.

VLADIMIR
   Ah! que voulez-vous. Exactly.

Silence.

ESTRAGON
   That wasn't such a bad little canter.

VLADIMIR
Oui, mais maintenant il va falloir trouver autre chose.

ESTRAGON
Voyons.

VLADIMIR
Voyons.

ESTRAGON
Voyons.

Ils réfléchissent.

VLADIMIR
Qu'est-ce que je disais? On pourrait reprendre là.

ESTRAGON
Quand?

VLADIMIR
Tout à fait au début.

ESTRAGON
Au début de quoi?

VLADIMIR
Ce soir. Je disais . . . je disais . . .

ESTRAGON
Ma foi, là tu m'en demandes trop.

VLADIMIR
Attends . . . on s'est embrassés . . . on était contents . . . contents
. . . qu'est-ce qu'on fait maintenant qu'on est contents . . . on
attend . . . voyons . . . ça vient . . . on attend . . . maintenant
qu'on est contents . . . on attend . . . voyons . . . ah! L'arbre!

ESTRAGON
L'arbre?

VLADIMIR
Yes, but now we'll have to find something else.

ESTRAGON
Let me see. *[He takes off his hat, concentrates.]*

VLADIMIR
Let me see. *[He takes off his hat, concentrates. Long silence.]* Ah!

They put on their hats, relax.

ESTRAGON
Well?

VLADIMIR
What was I saying, we could go on from there.

ESTRAGON
What were you saying when?

VLADIMIR
At the very beginning.

ESTRAGON
The very beginning of WHAT?

VLADIMIR
This evening . . . I was saying . . . I was saying . . .

ESTRAGON
I'm not a historian.

VLADIMIR
Wait . . . we embraced . . . we were happy . . . happy . . . what do we do now that we're happy . . . go on waiting . . . waiting . . . let me think . . . it's coming . . . go on waiting . . . now that we're happy . . . let me see . . . ah! The tree!

ESTRAGON
The tree?

VLADIMIR

Tu ne te rappelles pas?

ESTRAGON

Je suis fatigué.

VLADIMIR

Regarde-le.

Estragon regarde l'arbre.

ESTRAGON

Je ne vois rien.

VLADIMIR

Mais hier soir il était tout noir et squelettique! Aujourd'hui il est couvert de feuilles.

ESTRAGON

De feuilles!

VLADIMIR

Dans une seule nuit!

ESTRAGON

On doit être au printemps.

VLADIMIR

Mais dans une seule nuit!

ESTRAGON

Je te dis que nous n'étions pas là hier soir. Tu l'as cauchemardé.

VLADIMIR

Et où étions-nous hier soir, d'après toi?

ESTRAGON

Je ne sais pas. Ailleurs. Dans un autre compartiment. Ce n'est pas le vide qui manque.

VLADIMIR

Do you not remember?

ESTRAGON

I'm tired.

VLADIMIR

Look at it.

They look at the tree.

ESTRAGON

I see nothing.

VLADIMIR

But yesterday evening it was all black and bare. And now it's covered with leaves.

ESTRAGON

Leaves?

VLADIMIR

In a single night.

ESTRAGON

It must be the Spring.

VLADIMIR

But in a single night!

ESTRAGON

I tell you we weren't here yesterday. Another of your nightmares.

VLADIMIR

And where were we yesterday evening according to you?

ESTRAGON

How would I know? In another compartment. There's no lack of void.

VLADIMIR

[sûr de son fait] Bon. Nous n'étions pas là hier soir. Maintenant, qu'est-ce que nous avons fait hier soir?

ESTRAGON

Ce que nous avons fait?

VLADIMIR

Essaie de te rappeler.

ESTRAGON

Eh ben . . . nous avons dû bavarder.

VLADIMIR

[se maîtrisant] A propos de quoi?

ESTRAGON

Oh . . . à bâtons rompus peut-être, à propos de bottes. *[Avec assurance.]* Voilà, je me rappelle, hier soir nous avons bavardé a propos de bottes. Il y a un demi-siècle que ça dure.

VLADIMIR

Tu ne te rappelles aucun fait, aucune circonstance?

ESTRAGON

[las] Ne me tourmente pas, Didi.

VLADIMIR

Le soleil? La lune? Tu ne te rappelles pas?

ESTRAGON

Ils devaient être là, comme d'habitude.

VLADIMIR

Tu n'as rien remarqué d'insolite?

ESTRAGON

Hélas.

VLADIMIR

[sure of himself] Good. We weren't here yesterday evening.
Now what did we do yesterday evening?

ESTRAGON

Do?

VLADIMIR

Try and remember.

ESTRAGON

Do . . . I suppose we blathered.

VLADIMIR

[controlling himself] About what?

ESTRAGON

Oh . . . this and that I suppose, nothing in particular. *[With
assurance.]* Yes, now I remember, yesterday evening we spent
blathering about nothing in particular. That's been going on now
for half a century.

VLADIMIR

You don't remember any fact, any circumstance?

ESTRAGON

[weary] Don't torment me, Didi.

VLADIMIR

The sun. The moon. Do you not remember?

ESTRAGON

They must have been there, as usual.

VLADIMIR

You didn't notice anything out of the ordinary?

ESTRAGON

Alas!

VLADIMIR
Et Pozzo? Et Lucky?

ESTRAGON
Pozzo?

VLADIMIR
Les os.

ESTRAGON
On aurait dit des arêtes.

VLADIMIR
C'est Pozzo qui te les a donnés.

ESTRAGON
Je ne sais pas.

VLADIMIR
Et le coup de pied?

ESTRAGON
Le coup de pied? C'est vrai, on m'a donné des coups de pied.

VLADIMIR
C'est Lucky qui te les a donnés.

ESTRAGON
C'était hier, tout ça?

VLADIMIR
Fais voir ta jambe.

ESTRAGON
Laquelle?

VLADIMIR
Les deux. Relève ton pantalon. *[Estragon, sur un pied, tend la*

VLADIMIR
And Pozzo? And Lucky?

ESTRAGON
Pozzo?

VLADIMIR
The bones.

ESTRAGON
They were like fishbones.

VLADIMIR
It was Pozzo gave them to you.

ESTRAGON
I don't know.

VLADIMIR
And the kick.

ESTRAGON
That's right, someone gave me a kick.

VLADIMIR
It was Lucky gave it to you.

ESTRAGON
And all that was yesterday?

VLADIMIR
Show me your leg.

ESTRAGON
Which?

VLADIMIR
Both. Pull up your trousers. *[Estragon gives a leg to Vladimir,*

jambe vers Vladimir, manque de tomber. Vladimir prend la jambe.
Estragon chancelle.] Relève ton pantalon.

ESTRAGON

[titubant] Je ne peux pas.

Vladimir relève le pantalon, regarde la jambe, la lâche. Estragon
manque de tomber.

VLADIMIR

L'autre. *[Estragon donne la même jambe.]* L'autre, je te dis! *[Même*
jeu avec l'autre jambe.] Voilà la plaie en train de s'infecter.

ESTRAGON

Et après?

VLADIMIR

Où sont tes chaussures?

ESTRAGON

J'ai dû les jeter.

VLADIMIR

Quand?

ESTRAGON

Je ne sais pas.

VLADIMIR

Pourquoi?

ESTRAGON

Je ne me rappelle pas.

VLADIMIR

Non, je veux dire pourquoi tu les as jetées?

ESTRAGON

Elles me faisaient mal.

staggers. Vladimir takes the leg. They stagger.] Pull up your trousers.

ESTRAGON
  I can't.

Vladimir pulls up the trousers, looks at the leg, lets it go. Estragon almost falls.

VLADIMIR
  The other. *[Estragon gives the same leg.]* The other, pig! *[Estragon gives the other leg. Triumphantly.]* There's the wound! Beginning to fester!

ESTRAGON
  And what about it?

VLADIMIR
  [letting go the leg] Where are your boots?

ESTRAGON
  I must have thrown them away.

VLADIMIR
  When?

ESTRAGON
  I don't know.

VLADIMIR
  Why?

ESTRAGON
  [exasperated] I don't know why I don't know!

VLADIMIR
  No, I mean why did you throw them away?

ESTRAGON
  [exasperated] Because they were hurting me!

VLADIMIR

[*montrant les chaussures*] Les voilà. [*Estragon regarde les chaussures.*] A l'endroit même où tu les as posées hier soir.

Estragon va vers les chaussures, se penche, les inspecte de près.

ESTRAGON

Ce ne sont pas les miennes.

VLADIMIR

Pas les tiennes!

ESTRAGON

Les miennes étaient noires. Celles-ci sont jaunes.

VLADIMIR

Tu es sûr que les tiennes étaient noires?

ESTRAGON

C'est-à-dire qu'elles étaient grises.

VLADIMIR

Et celles-ci sont jaunes? Fais voir.

ESTRAGON

[*soulevant une chaussure*] Enfin, elles sont verdâtres.

VLADIMIR

[*avançant*] Fais voir. [*Estragon lui donne la chaussure. Vladimir la regarde, la jette avec colère.*] Ça alors!

ESTRAGON

Tu vois, tout ça c'est des . . .

VLADIMIR

Je vois ce que c'est. Oui, je vois ce qui c'est passé.

ESTRAGON

Tout ça c'est des . . .

236

VLADIMIR

[triumphantly, pointing to the boots] There they are! *[Estragon looks at the boots.]* At the very spot where you left them yesterday!

Estragon goes towards the boots, inspects them closely.

ESTRAGON

They're not mine.

VLADIMIR

[stupefied] Not yours!

ESTRAGON

Mine were black. These are brown.

VLADIMIR

You're sure yours were black?

ESTRAGON

Well they were a kind of gray.

VLADIMIR

And these are brown. Show.

ESTRAGON

[picking up a boot] Well they're a kind of green.

VLADIMIR

Show. *[Estragon hands him the boot. Vladimir inspects it, throws it down angrily.]* Well of all the—

ESTRAGON

You see, all that's a lot of bloody—

VLADIMIR

Ah! I see what it is. Yes, I see what's happened.

ESTRAGON

All that's a lot of bloody—

237

VLADIMIR

C'est simple comme bonjour. Un type est venu qui a pris les tiennes et t'a laissé les siennes.

ESTRAGON

Pourquoi?

VLADIMIR

Les siennes ne lui allaient pas. Alors il a pris les tiennes.

ESTRAGON

Mais les miennes étaient trop petites.

VLADIMIR

Pour toi. Pas pour lui.

ESTRAGON

Je suis fatigué. *[Un temps.]* Allons-nous-en.

VLADIMIR

On ne peut pas.

ESTRAGON

Pourquoi?

VLADIMIR

On attend Godot.

ESTRAGON

C'est vrai. *[Un temps.]* Alors comment faire?

VLADIMIR

Il n'y a rien à faire.

ESTRAGON

Mais moi je n'en peux plus.

VLADIMIR

Veux-tu un radis?

VLADIMIR
It's elementary. Someone came and took yours and left you his.

ESTRAGON
Why?

VLADIMIR
His were too tight for him, so he took yours.

ESTRAGON
But mine were too tight.

VLADIMIR
For you. Not for him.

ESTRAGON
[having tried in vain to work it out] I'm tired! [Pause.] Let's go.

VLADIMIR
We can't.

ESTRAGON
Why not?

VLADIMIR
We're waiting for Godot.

ESTRAGON
Ah! [Pause. Despairing.] What'll we do, what'll we do!

VLADIMIR
There's nothing we can do.

ESTRAGON
But I can't go on like this!

VLADIMIR
Would you like a radish?

ESTRAGON

C'est tout ce qu'il y a?

VLADIMIR

Il y a des radis et des navets.

ESTRAGON

Il n'y a plus de carottes?

VLADIMIR

Non. D'ailleurs tu exagères avec les carottes.

ESTRAGON

Alors donne-moi un radis. *[Vladimir fouille dans ses poches, ne trouve que des navets, sort finalement un radis qu'il donne à Estragon qui l'examine, le renifle.]* Il est noir!

VLADIMIR

C'est un radis.

ESTRAGON

Je n'aime que les roses, tu le sais bien!

VLADIMIR

Alors tu n'en veux pas?

ESTRAGON

Je n'aime que les roses!

VLADIMIR

Alors rends-le-moi.

Estragon le lui rend.

ESTRAGON

Je vais chercher une carotte.

Il ne bouge pas.

ESTRAGON

Is that all there is?

VLADIMIR

There are radishes and turnips.

ESTRAGON

Are there no carrots?

VLADIMIR

No. Anyway you overdo it with your carrots.

ESTRAGON

Then give me a radish. *[Vladimir fumbles in his pockets, finds nothing but turnips, finally brings out a radish and hands it to Estragon who examines it, sniffs it.]* It's black!

VLADIMIR

It's a radish.

ESTRAGON

I only like the pink ones, you know that!

VLADIMIR

Then you don't want it?

ESTRAGON

I only like the pink ones!

VLADIMIR

Then give it back to me.

Estragon gives it back.

ESTRAGON

I'll go and get a carrot. *[He does not move.]*

VLADIMIR

Ceci devient vraiment insignifiant.

ESTRAGON

Pas encore assez.

Silence.

VLADIMIR

Si tu les essayais?

ESTRAGON

J'ai tout essayé.

VLADIMIR

Je veux dire, les chaussures.

ESTRAGON

Tu crois?

VLADIMIR

Ça fera passer le temps. *[Estragon hésite.]* Je t'assure, ce sera une diversion.

ESTRAGON

Un délassement.

VLADIMIR

Une distraction.

ESTRAGON

Un délassement.

VLADIMIR

Essaie.

ESTRAGON

Tu m'aideras?

VLADIMIR
This is becoming really insignificant.

ESTRAGON
Not enough.

Silence.

VLADIMIR
What about trying them.

ESTRAGON
I've tried everything.

VLADIMIR
No, I mean the boots.

ESTRAGON
Would that be a good thing?

VLADIMIR
It'd pass the time. *[Estragon hesitates.]* I assure you, it'd be an
occupation.

ESTRAGON
A relaxation.

VLADIMIR
A recreation.

ESTRAGON
A relaxation.

VLADIMIR
Try.

ESTRAGON
You'll help me?

VLADIMIR

Bien sûr.

ESTRAGON

On ne se débrouille pas trop mal, hein, Didi, tous les deux ensemble?

VLADIMIR

Mais oui, mais oui. Allez, on va essayer la gauche d'abord.

ESTRAGON

On trouve toujours quelque chose, hein, Didi, pour nous donner l'impression d'exister?

VLADIMIR

[impatiemment] Mais oui, mais oui, on est des magiciens. Mais ne nous laissons pas détourner de ce que nous avons résolu. [Il ramasse une chaussure.] Viens, donne ton pied. [Estragon s'approche de lui, lève le pied.] L'autre, porc! [Estragon lève l'autre pied.] Plus haut! [Les corps emmêlés, ils titubent à travers la scène. Vladimir réussit finalement à lui mettre la chaussure.] Essaie de marcher. [Estragon marche.] Alors?

ESTRAGON

Elle me va.

VLADIMIR

[prenant de la ficelle dans sa poche] On va la lacer.

ESTRAGON

[véhémentement] Non, non, pas de lacet, pas de lacet!

VLADIMIR

Tu as tort. Essayons l'autre. [Même jeu.] Alors?

ESTRAGON

Elle me va aussi.

VLADIMIR

Elles ne te font pas mal?

244

VLADIMIR

I will of course.

ESTRAGON

We don't manage too badly, eh Didi, between the two of us?

VLADIMIR

Yes yes. Come on, we'll try the left first.

ESTRAGON

We always find something, eh Didi, to give us the impression we exist?

VLADIMIR

[impatiently] Yes yes, we're magicians. But let us persevere in what we have resolved, before we forget. *[He picks up a boot.]* Come on, give me your foot. *[Estragon raises his foot.]* The other, hog! *[Estragon raises the other foot.]* Higher! *[Wreathed together they stagger about the stage. Vladimir succeeds finally in getting on the boot.]* Try and walk. *[Estragon walks.]* Well?

ESTRAGON

It fits.

VLADIMIR

[taking string from his pocket] We'll try and lace it.

ESTRAGON

[vehemently] No no, no laces, no laces!

VLADIMIR

You'll be sorry. Let's try the other. *[As before.]* Well?

ESTRAGON

[grudgingly] It fits too.

VLADIMIR

They don't hurt you?

ESTRAGON

    [faisant quelques pas appuyés] Pas encore.

VLADIMIR

    Alors tu peux les garder.

ESTRAGON

    Elles sont trop grandes.

VLADIMIR

    Tu auras peut-être des chaussettes un jour.

ESTRAGON

    C'est vrai.

VLADIMIR

    Alors tu les gardes?

ESTRAGON

    Assez parlé de ces chaussures.

VLADIMIR

    Oui, mais . . .

ESTRAGON

    Assez! *[Silence.]* Je vais quand même m'asseoir.

Il cherche des yeux où s'asseoir, puis va s'asseoir là où il était assis au début du premier acte.

VLADIMIR

    C'est là où tu étais assis hier soir.

Silence.

ESTRAGON

    Si je pouvais dormir.

ESTRAGON

Not yet.

VLADIMIR

Then you can keep them.

ESTRAGON

They're too big.

VLADIMIR

Perhaps you'll have socks some day.

ESTRAGON

True.

VLADIMIR

Then you'll keep them?

ESTRAGON

That's enough about these boots.

VLADIMIR

Yes, but—

ESTRAGON

[violently] Enough! *[Silence.]* I suppose I might as well sit down.
*[He looks for a place to sit down, then goes and sits down on the
mound.]*

VLADIMIR

That's where you were sitting yesterday evening.

ESTRAGON

If I could only sleep.

VLADIMIR
Hier soir tu as dormi.

ESTRAGON
Je vais essayer.

Il prend une posture utérine, la tête entre les jambes.

VLADIMIR
Attends. *[Il s'approche d'Estragon et se met à chanter d'une voix forte.]*
Do do do do

ESTRAGON
[levant la tête] Pas si fort.

VLADIMIR
[moins fort]
Do do do do
Do do do do
Do do do do
Do do . . .

Estragon s'endort. Vladimir enlève son veston et lui couvre les épaules, puis se met à marcher de long en large en battant des bras pour se réchauffer. Estragon se reveille en sursaut, se lève, fait quelques pas affolés. Vladimir court vers lui, l'entoure de son bras.

VLADIMIR
Là . . . là . . . je suis là . . . n'aie pas peur.

ESTRAGON
Ah!

VLADIMIR
Là . . . là . . . C'est fini.

ESTRAGON
Je tombais.

VLADIMIR
Yesterday you slept.

ESTRAGON
I'll try. *[He resumes his foetal posture, his head between his knees.]*

VLADIMIR
Wait. *[He goes over and sits down beside Estragon and begins to sing in a loud voice.]*
Bye bye bye bye
Bye bye—

ESTRAGON
[looking up angrily] Not so loud!

VLADIMIR
[softly]
Bye bye bye bye
Bye bye bye bye
Bye bye bye bye
Bye bye . . .

Estragon sleeps. Vladimir gets up softly, takes off his coat and lays it across Estragon's shoulders, then starts walking up and down, swinging his arms to keep himself warm. Estragon wakes with a start, jumps up, casts about wildly. Vladimir runs to him, puts his arms round him.

There . . . there . . . Didi is there . . . don't be afraid . . .

ESTRAGON
Ah!

VLADIMIR
There . . . there . . . it's all over.

ESTRAGON
I was falling—

VLADIMIR
C'est fini. N'y pense plus.

ESTRAGON
J'étais sur un . . .

VLADIMIR
Non non, ne dis rien. Viens, on va marcher un peu.

Il prend Estragon par le bras et le fait marcher de long en large, jusqu'à ce qu'Estragon refuse d'aller plus loin.

ESTRAGON
Assez! Je suis fatigué.

VLADIMIR
Tu aimes mieux être planté là à ne rien faire?

ESTRAGON
Oui.

VLADIMIR
Comme tu veux.

Il lâche Estragon, va ramasser son veston et le met.

ESTRAGON
Allons-nous-en.

VLADIMIR
On ne peut pas.

ESTRAGON
Pourquoi?

VLADIMIR
On attend Godot.

VLADIMIR
  It's all over, it's all over.

ESTRAGON
  I was on top of a—

VLADIMIR
  Don't tell me! Come, we'll walk it off.

He takes Estragon by the arm and walks him up and down until Estragon refuses to go any further.

ESTRAGON
  That's enough. I'm tired.

VLADIMIR
  You'd rather be stuck there doing nothing?

ESTRAGON
  Yes.

VLADIMIR
  Please yourself.

He releases Estragon, picks up his coat and puts it on.

ESTRAGON
  Let's go.

VLADIMIR
  We can't.

ESTRAGON
  Why not?

VLADIMIR
  We're waiting for Godot.

ESTRAGON

C'est vrai. *[Vladimir reprend son va-et-vient.]* Tu ne peux pas rester tranquille?

VLADIMIR

J'ai froid.

ESTRAGON

On est venus trop tôt.

VLADIMIR

C'est toujours à la tombée de la nuit.

ESTRAGON

Mais la nuit ne tombe pas.

VLADIMIR

Elle tombera tout d'un coup, comme hier.

ESTRAGON

Puis ce sera la nuit.

VLADIMIR

Et nous pourrons partir.

ESTRAGON

Puis ce sera encore le jour. *[Un temps.]* Que faire, que faire?

VLADIMIR

[s'arrêtant de marcher, avec violence] Tu as bientôt fini de te plaindre? Tu commences à me casser les pieds, avec tes gémissements.

ESTRAGON

Je m'en vais.

VLADIMIR

[apercevant le chapeau de Lucky] Tiens!

ESTRAGON

Adieu.

ESTRAGON

Ah! *[Vladimir walks up and down.]* Can you not stay still?

VLADIMIR

I'm cold.

ESTRAGON

We came too soon.

VLADIMIR

It's always at nightfall.

ESTRAGON

But night doesn't fall.

VLADIMIR

It'll fall all of a sudden, like yesterday.

ESTRAGON

Then it'll be night.

VLADIMIR

And we can go.

ESTRAGON

Then it'll be day again. *[Pause. Despairing.]* What'll we do, what'll we do!

VLADIMIR

[halting, violently] Will you stop whining! I've had about my bellyful of your lamentations!

ESTRAGON

I'm going.

VLADIMIR

[seeing Lucky's hat] Well!

ESTRAGON

Farewell.

VLADIMIR

Le chapeau de Lucky! *[Il s'en approche.]* Voilà une heure que je suis là et je ne l'avais pas vu! *[Très content.]* C'est parfait!

ESTRAGON

Tu ne me verras plus.

VLADIMIR

Je ne me suis donc pas trompé d'endroit. Nous voilà tranquilles. *[Il ramasse le chapeau de Lucky, le contemple, le redresse.]* Ça devait être un beau chapeau. *[Il le met à la place du sien qu'il tend à Estragon.]* Tiens.

ESTRAGON

Quoi?

VLADIMIR

Tiens-moi ça.

Estragon prend le chapeau de Vladimir. Vladimir ajuste des deux mains le chapeau de Lucky. Estragon met le chapeau de Vladimir à la place du sien qu'il tend à Vladimir. Vladimir prend le chapeau d'Estragon. Estragon ajuste des deux mains le chapeau de Vladimir. Vladimir met le chapeau d'Estragon à la place de celui de Lucky qu'il tend à Estragon. Estragon prend le chapeau de Lucky. Vladimir ajuste des deux mains le chapeau d'Estragon. Estragon met le chapeau de Lucky à la place de celui de Vladimir qu'il tend à Vladimir. Vladimir prend son chapeau. Estragon ajuste des deux mains le chapeau de Lucky. Vladimir met son chapeau à la place de celui d'Estragon qu'il tend à Estragon. Estragon prend son chapeau. Vladimir ajuste son chapeau des deux mains. Estragon met son chapeau à la place de celui de Lucky qu'il tend à Vladimir. Vladimir prend le chapeau de Lucky. Estragon ajuste son chapeau des deux mains. Vladimir met le chapeau de Lucky à la place du sien qu'il tend à Estragon. Estragon prend le chapeau de Vladimir. Vladimir ajuste des deux mains le chapeau de Lucky. Estragon tend le chapeau de Vladimir à Vladimir qui le prend et le tend à Estragon qui le prend et le tend à Vladimir qui le prend et le jette. Tout cela dans un mouvement vif.

VLADIMIR

Il me va?

VLADIMIR

Lucky's hat. *[He goes towards it.]* I've been here an hour and never saw it. *[Very pleased.]* Fine!

ESTRAGON

You'll never see me again.

VLADIMIR

I knew it was the right place. Now our troubles are over. *[He picks up the hat, contemplates it, straightens it.]* Must have been a very fine hat. *[He puts it on in place of his own which he hands to Estragon.]* Here.

ESTRAGON

What?

VLADIMIR

Hold that.

Estragon takes Vladimir's hat. Vladimir adjusts Lucky's hat on his head. Estragon puts on Vladimir's hat in place of his own which he hands to Vladimir. Vladimir takes Estragon's hat. Estragon adjusts Vladimir's hat on his head. Vladimir puts on Estragon's hat in place of Lucky's which he hands to Estragon. Estragon takes Lucky's hat. Vladimir adjusts Estragon's hat on his head. Estragon puts on Lucky's hat in place of Vladimir's which he hands to Vladimir. Vladimir takes his hat, Estragon adjusts Lucky's hat on his head. Vladimir puts on his hat in place of Estragon's which he hands to Estragon. Estragon takes his hat. Vladimir adjusts his hat on his head. Estragon puts on his hat in place of Lucky's which he hands to Vladimir. Vladimir takes Lucky's hat. Estragon adjusts his hat on his head. Vladimir puts on Lucky's hat in place of his own which he hands to Estragon. Estragon takes Vladimir's hat. Vladimir adjusts Lucky's hat on his head. Estragon hands Vladimir's hat back to Vladimir who takes it and hands it back to Estragon who takes it and hands it back to Vladimir who takes it and throws it down.

How does it fit me?

255

ESTRAGON

Je ne sais pas.

VLADIMIR

Non, mais comment me trouves-tu?

Il tourne la tête coquettement à droite et à gauche, prend des attitudes de mannequin.

ESTRAGON

Affreux.

VLADIMIR

Mais pas plus que d'habitude?

ESTRAGON

La même chose.

VLADIMIR

Alors je peux le garder. Le mien me faisait mal. *[Un temps.]* Comment dire? *[Un temps.]* Il me grattait.

ESTRAGON

Je m'en vais.

VLADIMIR

Tu ne veux pas jouer?

ESTRAGON

Jouer à quoi?

VLADIMIR

On pourrait jouer à Pozzo et Lucky.

ESTRAGON

Connais pas.

ESTRAGON

How would I know?

VLADIMIR

No, but how do I look in it? *[He turns his head coquettishly to and fro, minces like a mannequin.]*

ESTRAGON

Hideous.

VLADIMIR

Yes, but not more so than usual?

ESTRAGON

Neither more nor less.

VLADIMIR

Then I can keep it. Mine irked me. *[Pause.]* How shall I say? *[Pause.]* It itched me. *[He takes off Lucky's hat, peers into it, shakes it, knocks on the crown, puts it on again.]*

ESTRAGON

I'm going.

Silence.

VLADIMIR

Will you not play?

ESTRAGON

Play at what?

VLADIMIR

We could play at Pozzo and Lucky.

ESTRAGON

Never heard of it.

VLADIMIR
Moi je ferai Lucky, toi tu feras Pozzo. *[Il prend l'attitude de Lucky, ployant sous le poids de ses bagages. Estragon le regarde avec stupéfaction.]* Vas-y.

ESTRAGON
Qu'est-ce que je dois faire?

VLADIMIR
Engueule-moi!

ESTRAGON
Salaud!

VLADIMIR
Plus fort!

ESTRAGON
Fumier! Crapule!

Vladimir avance, recule, toujours ployé.

VLADIMIR
Dis-moi de penser.

ESTRAGON
Comment?

VLADIMIR
Dis, Pense, cochon!

ESTRAGON
Pense, cochon!

Silence.

VLADIMIR
Je ne peux pas!

VLADIMIR
   I'll do Lucky, you do Pozzo. *[He imitates Lucky sagging under the weight of his baggage. Estragon looks at him with stupefaction.]* Go on.

ESTRAGON
   What am I to do?

VLADIMIR
   Curse me!

ESTRAGON
   [after reflection] Naughty!

VLADIMIR
   Stronger!

ESTRAGON
   Gonococcus! Spirochete!

Vladimir sways back and forth, doubled in two.

VLADIMIR
   Tell me to think.

ESTRAGON
   What?

VLADIMIR
   Say, Think, pig!

ESTRAGON
   Think, pig!

Silence.

VLADIMIR
   I can't!

ESTRAGON
Assez!

VLADIMIR
Dis-moi de danser.

ESTRAGON
Je m'en vais.

VLADIMIR
Danse, porc! *[Il se tord sur place. Estragon sort précipitamment.]* Je ne peux pas! *[Il lève la tête, voit qu'Estragon n'est plus là, pousse un cri déchirant.]* Gogo! *[Silence. Il se met à arpenter la scène presque en courant. Estragon rentre précipitamment, essoufflé, court vers Vladimir. Ils s'arrêtent à quelques pas l'un de l'autre.]* Te revoilà enfin!

ESTRAGON
[haletant] Je suis maudit!

VLADIMIR
Où as-tu été? Je t'ai cru parti pour toujours.

ESTRAGON
Jusqu'au bord de la pente. On vient.

VLADIMIR
Qui?

ESTRAGON
Je ne sais pas.

VLADIMIR
Combien?

ESTRAGON
Je ne sais pas.

VLADIMIR
[triomphant] C'est Godot! Enfin! *[Il embrasse Estragon avec*

ESTRAGON

That's enough of that.

VLADIMIR

Tell me to dance.

ESTRAGON

I'm going.

VLADIMIR

Dance, hog! *[He writhes. Exit Estragon left, precipitately.]* I can't! *[He looks up, misses Estragon.]* Gogo! *[He moves wildly about the stage. Enter Estragon left, panting. He hastens towards Vladimir, falls into his arms.]* There you are again at last!

ESTRAGON

I'm accursed!

VLADIMIR

Where were you? I thought you were gone for ever.

ESTRAGON

They're coming!

VLADIMIR

Who?

ESTRAGON

I don't know.

VLADIMIR

How many?

ESTRAGON

I don't know.

VLADIMIR

[triumphantly] It's Godot! At last! Gogo! It's Godot! We're saved! Let's go and meet him! *[He drags Estragon towards the wings.*

effusion.] Gogo! C'est Godot! Nous sommes sauvés! Allons à sa rencontre! Viens! *[Il tire Estragon vers la coulisse. Estragon résiste, se dégage, sort en courant de l'autre côté.]* Gogo! Reviens! *[Silence. Vladimir court à la coulisse où Estragon vient de rentrer, regarde au loin. Estragon rentre précipitamment, court vers Vladimir qui se retourne.]* Te revoilà à nouveau!

ESTRAGON

Je suis damné!

VLADIMIR

Tu as été loin?

ESTRAGON

Jusqu'au bord de la pente.

VLADIMIR

En effet, nous sommes sur un plateau. Aucun doute, nous sommes servis sur un plateau.

ESTRAGON

On vient par là aussi.

VLADIMIR

Nous sommes cernés! *[Affolé, Estragon se précipite vers la toile de fond, s'y empêtre, tombe.]* Imbécile! Il n'y a pas d'issue par là. *[Vladimir va le relever, l'amène vers la rampe. Geste vers l'auditoire.]* Là il n'y a personne. Sauve-toi par là. Allez. *[Il le pousse vers la fosse. Estragon recule épouvanté.]* Tu ne veux pas? Ma foi, ça se comprend. Voyons. *[Il réfléchit.]* Il ne te reste plus qu'à disparaître.

ESTRAGON

Où?

VLADIMIR

Derrière l'arbre. *[Estragon hésite.]* Vite! Derrière l'arbre. *[Estragon court se mettre derrière l'arbre qui ne le cache que très imparfaitement.]* Ne bouge plus! *[Estragon sort de derrière l'arbre.]* Décidément cet arbre ne nous aura servi à rien. *[A Estragon.]* Tu n'es pas fou?

Estragon resists, pulls himself free, exit right.] Gogo! Come back!
*[Vladimir runs to extreme left, scans the horizon. Enter Estragon
right, he hastens towards Vladimir, falls into his arms.]* There you
are again again!

ESTRAGON

I'm in hell!

VLADIMIR

Where were you?

ESTRAGON

They're coming there too!

VLADIMIR

We're surrounded! *[Estragon makes a rush towards back.]* Imbecile!
There's no way out there. *[He takes Estragon by the arm and drags
him towards front. Gesture towards front.]* There! Not a soul in
sight! Off you go! Quick! *[He pushes Estragon towards auditorium.
Estragon recoils in horror.]* You won't? *[He contemplates auditorium.]* Well I can understand that. Wait till I see. *[He reflects.]*
Your only hope left is to disappear.

ESTRAGON

Where?

VLADIMIR

Behind the tree. *[Estragon hesitates.]* Quick! Behind the tree.
*[Estragon goes and crouches behind the tree, realizes he is not
hidden, comes out from behind the tree.]* Decidedly this tree will
not have been the slightest use to us.

ESTRAGON

[plus calme] J'ai perdu la tête. [Il baisse honteusement la tête.] Pardon! [Il redresse fièrement la tête.] C'est fini! Maintenant tu vas voir. Dis-moi ce qu'il faut faire.

VLADIMIR

Il n'y a rien à faire.

ESTRAGON

Toi tu vas te poster là. [Il entraîne Vladimir vers la coulisse gauche, le met dans l'axe de la route, le dos à la scène.] Là, ne bouge plus, et ouvre l'œil. [Il court vers l'autre coulisse. Vladimir le regarde par-dessus l'épaule. Estragon s'arrête, regarde au loin, se retourne. Les deux se regardent par-dessus l'épaule.] Dos à dos comme au bon vieux temps! [Ils continuent à se regarder un petit moment, puis chacun reprend le guet. Long silence.] Tu ne vois rien venir?

VLADIMIR

[se retournant] Comment?

ESTRAGON

[plus fort] Tu ne vois rien venir?

VLADIMIR

Non.

ESTRAGON

Moi non plus.

Ils reprennent le guet. Long silence.

VLADIMIR

Tu as dû te tromper.

ESTRAGON

[se retournant] Comment?

VLADIMIR

[plus fort] Tu as dû te tromper.

ESTRAGON

[calmer] I lost my head. Forgive me. It won't happen again. Tell me what to do.

VLADIMIR

There's nothing to do.

ESTRAGON

You go and stand there. [He draws Vladimir to extreme right and places him with his back to the stage.] There, don't move, and watch out. [Vladimir scans horizon, screening his eyes with his hand. Estragon runs and takes up same position extreme left. They turn their heads and look at each other.] Back to back like in the good old days. [They continue to look at each other for a moment, then resume their watch. Long silence.] Do you see anything coming?

VLADIMIR

[turning his head] What?

ESTRAGON

[louder] Do you see anything coming?

VLADIMIR

No.

ESTRAGON

Nor I.

They resume their watch. Silence.

VLADIMIR

You must have had a vision.

ESTRAGON

[turning his head] What?

VLADIMIR

[louder] You must have had a vision.

ESTRAGON
  Ne crie pas.

Ils reprennent le guet. Long silence.

VLADIMIR, ESTRAGON
  [se retournant simultanément] Est-ce . . .

VLADIMIR
  Oh pardon!

ESTRAGON
  Je t'écoute.

VLADIMIR
  Mais non!

ESTRAGON
  Mais!

VLADIMIR
  Je t'ai coupé.

ESTRAGON
  Au contraire.

Ils se regardent avec colère.

VLADIMIR
  Voyons, pas de cérémonie.

ESTRAGON
  Ne sois pas têtu, voyons.

VLADIMIR
  [avec force] Achève ta phrase, je te dis.

ESTRAGON
  [de même] Achève la tienne.

ESTRAGON
No need to shout!

They resume their watch. Silence.

VLADIMIR and ESTRAGON
[turning simultaneously] Do you—

VLADIMIR
Oh pardon!

ESTRAGON
Carry on.

VLADIMIR
No no, after you.

ESTRAGON
No no, you first.

VLADIMIR
I interrupted you.

ESTRAGON
On the contrary.

They glare at each other angrily.

VLADIMIR
Ceremonious ape!

ESTRAGON
Punctilious pig!

VLADIMIR
Finish your phrase, I tell you!

ESTRAGON
Finish your own!

Silence. Ils vont l'un vers l'autre, s'arrêtent.

VLADIMIR
Misérable!

ESTRAGON
C'est ça, engueulons-nous. *[Echange d'injures. Silence.]*
Maintenant raccommodons-nous.

Silence. They draw closer, halt.

VLADIMIR
  Moron!

ESTRAGON
  That's the idea, let's abuse each other.

They turn, move apart, turn again and face each other.

VLADIMIR
  Moron!

ESTRAGON
  Vermin!

VLADIMIR
  Abortion!

ESTRAGON
  Morpion!

VLADIMIR
  Sewer-rat!

ESTRAGON
  Curate!

VLADIMIR
  Cretin!

ESTRAGON
  [with finality] Crritic!

VLADIMIR
  Oh! *[He wilts, vanquished, and turns away.]*

ESTRAGON
  Now let's make it up.

VLADIMIR
Gogo!

ESTRAGON
Didi!

VLADIMIR
Ta main!

ESTRAGON
La voilà!

VLADIMIR
Viens dans mes bras!

ESTRAGON
Tes bras?

VLADIMIR
[ouvrant les bras] Là-dedans!

ESTRAGON
Allons-y.

Ils s'embrassent. Silence.

VLADIMIR
Comme le temps passe quand on s'amuse!

Silence.

ESTRAGON
Qu'est-ce qu'on fait maintenant?

VLADIMIR
En attendant.

VLADIMIR
  Gogo!

ESTRAGON
  Didi!

VLADIMIR
  Your hand!

ESTRAGON
  Take it!

VLADIMIR
  Come to my arms!

ESTRAGON
  Yours arms?

VLADIMIR
  My breast!

ESTRAGON
  Off we go!

They embrace. They separate. Silence.

VLADIMIR
  How time flies when one has fun!

Silence.

ESTRAGON
  What do we do now?

VLADIMIR
  While waiting.

ESTRAGON
En attendant.

Silence.

VLADIMIR
Si on faisait nos exercices?

ESTRAGON
Nos mouvements.

VLADIMIR
D'assouplissement.

ESTRAGON
De relaxation.

VLADIMIR
De circumduction.

ESTRAGON
De relaxation.

VLADIMIR
Pour nous réchauffer.

ESTRAGON
Pour nous calmer.

VLADIMIR
Allons-y.

Il commence à sauter. Estragon l'imite.

ESTRAGON
[s'arrêtant] Assez. Je suis fatigué.

ESTRAGON
  While waiting.

Silence.

VLADIMIR
  We could do our exercises.

ESTRAGON
  Our movements.

VLADIMIR
  Our elevations.

ESTRAGON
  Our relaxations.

VLADIMIR
  Our elongations.

ESTRAGON
  Our relaxations.

VLADIMIR
  To warm us up.

ESTRAGON
  To calm us down.

VLADIMIR
  Off we go.

Vladimir hops from one foot to the other. Estragon imitates him.

ESTRAGON
  [stopping] That's enough. I'm tired.

VLADIMIR

    [s'arrêtant] Nous ne sommes pas en train. Faisons quand même quelques respirations.

ESTRAGON

    Je ne veux plus respirer.

VLADIMIR

    Tu as raison. *[Pause.]* Faisons quand même l'arbre, pour l'équilibre.

ESTRAGON

    L'arbre?

Vladimir fait l'arbre en titubant.

VLADIMIR

    [s'arrêtant] A toi.

Estragon fait l'arbre en titubant.

ESTRAGON

    Tu crois que Dieu me voit?

VLADIMIR

    Il faut fermer les yeux.

Estragon ferme les yeux, titube plus fort.

ESTRAGON

    [s'arrêtant, brandissant les poings, à tue-tête] Dieu ait pitié de moi!

VLADIMIR

    [vexé] Et moi?

ESTRAGON

    [de même] De moi! De moi! Pitié! De moi!

VLADIMIR

[stopping] We're not in form. What about a little deep breathing?

ESTRAGON

I'm tired breathing.

VLADIMIR

You're right. *[Pause.]* Let's just do the tree, for the balance.

ESTRAGON

The tree?

Vladimir does the tree, staggering about on one leg.

VLADIMIR

[stopping]. Your turn.

Estragon does the tree, staggers.

ESTRAGON

Do you think God sees me?

VLADIMIR

You must close your eyes.

Estragon closes his eyes, staggers worse.

ESTRAGON

[stopping, brandishing his fists, at the top of his voice] God have pity on me!

VLADIMIR

[vexed] And me?

ESTRAGON

On me! On me! Pity! On me!

Entrent Pozzo et Lucky. Pozzo est devenu aveugle. Lucky chargé comme au premier acte. Corde comme au premier acte, mais beaucoup plus courte, pour permettre à Pozzo de suivre plus commodément. Lucky coiffé d'un nouveau chapeau. A la vue de Vladimir et Estragon il s'arrête. Pozzo, continuant son chemin, vient se heurter contre lui. Vladimir et Estragon reculent.

POZZO

[*s'agrippant à Lucky qui, sous ce nouveau poids, chancelle*] Qu'y a-t-il? Qui a crié?

Lucky tombe, en lâchant tout, et entraîne Pozzo dans sa chute. Ils restent étendus sans mouvement au milieu des bagages.

ESTRAGON

C'est Godot?

VLADIMIR

Ça tombe à pic. [*Il va vers le tas, suivi d'Estragon.*] Enfin du renfort!

POZZO

[*voix blanche*] Au secours.

ESTRAGON

C'est Godot?

VLADIMIR

Nous commencions à flancher. Voilà notre fin de soirée assurée.

POZZO

A moi!

ESTRAGON

Il appelle à l'aide.

Enter Pozzo and Lucky. Pozzo is blind. Lucky burdened as before. Rope as before, but much shorter, so that Pozzo may follow more easily. Lucky wearing a different hat. At the sight of Vladimir and Estragon he stops short. Pozzo, continuing on his way, bumps into him.

VLADIMIR
Gogo!

POZZO
[clutching onto Lucky who staggers] What is it? Who is it?

Lucky falls, drops everything and brings down Pozzo with him. They lie helpless among the scattered baggage.

ESTRAGON
Is it Godot?

VLADIMIR
At last! *[He goes towards the heap.]* Reinforcements at last!

POZZO
Help!

ESTRAGON
Is it Godot?

VLADIMIR
We were beginning to weaken. Now we're sure to see the evening out.

POZZO
Help!

ESTRAGON
Do you hear him?

VLADIMIR

Nous ne sommes plus seuls, à attendre la nuit, à attendre Godot, à attendre—à attendre. Toute la soirée nous avons lutté, livrés à nos propres moyens. Maintenant c'est fini. Nous sommes déjà demain.

POZZO

A moi!

VLADIMIR

Déjà le temps coule tout autrement. Le soleil se couchera, la lune se lèvera et nous partirons—d'ici.

POZZO

Pitié!

VLADIMIR

Pauvre Pozzo!

ESTRAGON

Je savais que c'était lui.

VLADIMIR

Qui?

ESTRAGON

Godot.

VLADIMIR

Mais ce n'est pas Godot.

ESTRAGON

Ce n'est pas Godot?

VLADIMIR

Ce n'est pas Godot.

VLADIMIR

We are no longer alone, waiting for the night, waiting for Godot, waiting for . . . waiting. All evening we have struggled, unassisted. Now it's over. It's already tomorrow.

POZZO

Help!

VLADIMIR

Time flows again already. The sun will set, the moon rise, and we away . . . from here.

POZZO

Pity!

VLADIMIR

Poor Pozzo!

ESTRAGON

I knew it was him.

VLADIMIR

Who?

ESTRAGON

Godot.

VLADIMIR

But it's not Godot.

ESTRAGON

It's not Godot?

VLADIMIR

It's not Godot.

ESTRAGON

Qui c'est alors?

VLADIMIR

C'est Pozzo.

POZZO

C'est moi! C'est moi! Relevez-moi!

VLADIMIR

Il ne peut pas se relever.

ESTRAGON

Allons-nous-en.

VLADIMIR

On ne peut pas.

ESTRAGON

Pourquoi?

VLADIMIR

On attend Godot.

ESTRAGON

C'est vrai.

VLADIMIR

Peut-être qu'il a encore des os pour toi.

ESTRAGON

Des os?

VLADIMIR

De poulet. Tu ne te rappelles pas?

ESTRAGON

C'était lui?

ESTRAGON
Then who is it?

VLADIMIR
It's Pozzo.

POZZO
Here! Here! Help me up!

VLADIMIR
He can't get up.

ESTRAGON
Let's go.

VLADIMIR
We can't.

ESTRAGON
Why not?

VLADIMIR
We're waiting for Godot.

ESTRAGON
Ah!

VLADIMIR
Perhaps he has another bone for you.

ESTRAGON
Bone?

VLADIMIR
Chicken. Do you not remember?

ESTRAGON
It was him?

VLADIMIR
Oui.

ESTRAGON
Demande-lui.

VLADIMIR
Si on l'aidait d'abord?

ESTRAGON
A quoi faire?

VLADIMIR
A se relever.

ESTRAGON
Il ne peut se relever?

VLADIMIR
Il veut se relever.

ESTRAGON
Alors, qu'il se relève.

VLADIMIR
Il ne peut pas.

ESTRAGON
Qu'est-ce qu'il a?

VLADIMIR
Je ne sais pas.

Pozzo se tord, gémit, frappe le sol avec ses poings.

ESTRAGON
Si on lui demandait les os d'abord? Puis s'il refuse on le laissera là.

VLADIMIR
     Yes.

ESTRAGON
     Ask him.

VLADIMIR
     Perhaps we should help him first.

ESTRAGON
     To do what?

VLADIMIR
     To get up.

ESTRAGON
     He can't get up?

VLADIMIR
     He wants to get up.

ESTRAGON
     Then let him get up.

VLADIMIR
     He can't.

ESTRAGON
     Why not?

VLADIMIR
     I don't know.

Pozzo writhes, groans, beats the ground with his fists.

ESTRAGON
     We should ask him for the bone first. Then if he refuses we'll
     leave him there.

VLADIMIR

Tu veux dire que nous l'avons à notre merci?

ESTRAGON

Oui.

VLADIMIR

Et qu'il faut mettre des conditions à nos bons offices?

ESTRAGON

Oui.

VLADIMIR

Ça a l'air intelligent en effet. Mais je crains une chose.

ESTRAGON

Quoi?

VLADIMIR

Que Lucky ne se mette en branle tout d'un coup. Alors nous serions baisés.

ESTRAGON

Lucky?

VLADIMIR

C'est lui qui t'a attaqué hier.

ESTRAGON

Je te dis qu'ils étaient dix.

VLADIMIR

Mais non, avant, celui qui t'a donné des coups de pied.

VLADIMIR

You mean we have him at our mercy?

ESTRAGON

Yes.

VLADIMIR

And that we should subordinate our good offices to certain conditions?

ESTRAGON

What?

VLADIMIR

That seems intelligent all right. But there's one thing I'm afraid of.

POZZO

Help!

ESTRAGON

What?

VLADIMIR

That Lucky might get going all of a sudden. Then we'd be ballocksed.

ESTRAGON

Lucky?

VLADIMIR

The one that went for you yesterday.

ESTRAGON

I tell you there was ten of them.

VLADIMIR

No, before that, the one that kicked you.

ESTRAGON

Il est là?

VLADIMIR

Mais regarde. *[Geste.]* Pour le moment il est inerte. Mais il peut se déchaîner d'un instant à l'autre.

ESTRAGON

Si on lui donnait une bonne correction tous les deux?

VLADIMIR

Tu veux dire, si on lui tombait dessus pendant qu'il dort?

ESTRAGON

Oui.

VLADIMIR

C'est une bonne idée. Mais en sommes-nous capables? Dort-il vraiment? *[Un temps.]* Non, le mieux serait de profiter de ce que Pozzo appelle au secours pour le secourir, en tablant sur sa reconnaissance.

ESTRAGON

Mais il ne . . .

ESTRAGON

Is he there?

VLADIMIR

As large as life. *[Gesture towards Lucky.]* For the moment he is inert. But he might run amuck any minute.

POZZO

Help!

ESTRAGON

And suppose we gave him a good beating the two of us.

VLADIMIR

You mean if we fell on him in his sleep?

ESTRAGON

Yes.

VLADIMIR

That seems a good idea all right. But could we do it? Is he really asleep? *[Pause.]* No, the best would be to take advantage of Pozzo's calling for help—

POZZO

Help!

VLADIMIR

To help him—

ESTRAGON

We help *him*?

VLADIMIR

In anticipation of some tangible return.

ESTRAGON

And suppose he—

VLADIMIR

Ne perdons pas notre temps en vains discours. *[Un temps. Avec véhémence.]* Faisons quelque chose, pendant que l'occasion se présente! Ce n'est pas tous les jours qu'on a besoin de nous. Non pas à vrai dire qu'on ait précisément besoin de nous. D'autres feraient aussi bien l'affaire, sinon mieux. L'appel que nous venons d'entendre, c'est plutôt à l'humanité tout entière qu'il s'adresse. Mais à cet endroit, en ce moment, l'humanité c'est nous, que ça nous plaise ou non. Profitons-en, avant qu'il soit trop tard. Représentons dignement pour une fois l'engeance où le malheur nous a fourrés. Qu'en dis-tu? *[Estragon n'en dit rien.]* Il est vrai qu'en pesant, les bras croisés, le pour et le contre, nous faisons également honneur à notre condition. Le tigre se précipite au secours de ses congénères sans la moindre réflexion. Ou bien il se sauve au plus profond des taillis. Mais la question n'est pas là. Que faisons-nous ici, voilà ce qu'il faut se demander. Nous avons la chance de le savoir. Oui, dans cette immense confusion, une seule chose est claire : nous attendons que Godot vienne.

ESTRAGON

C'est vrai.

VLADIMIR

Ou que la nuit tombe. *[Un temps.]* Nous sommes au rendez-vous, un point c'est tout. Nous ne sommes pas des saints, mais nous sommes au rendez-vous. Combien de gens peuvent en dire autant?

ESTRAGON

Des masses.

VLADIMIR

Tu crois?

ESTRAGON

Je ne sais pas.

VLADIMIR

Let us not waste our time in idle discourse! *[Pause. Vehemently.]* Let us do something, while we have the chance! It is not every day that we are needed. Not indeed that we personally are needed. Others would meet the case equally well, if not better. To all mankind they were addressed, those cries for help still ringing in our ears! But at this place, at this moment of time, all mankind is us, whether we like it or not. Let us make the most of it, before it is too late! Let us represent worthily for once the foul brood to which a cruel fate consigned us! What do you say? *[Estragon says nothing.]* It is true that when with folded arms we weigh the pros and cons we are no less a credit to our species. The tiger bounds to the help of his congeners without the least reflection, or else he slinks away into the depths of the thickets. But that is not the question. What are we doing here, *that* is the question. And we are blessed in this, that we happen to know the answer. Yes, in this immense confusion one thing alone is clear. We are waiting for Godot to come—

ESTRAGON

Ah!

POZZO

Help!

VLADIMIR

Or for night to fall. *[Pause.]* We have kept our appointment and that's an end to that. We are not saints, but we have kept our appointment. How many people can boast as much?

ESTRAGON

Billions.

VLADIMIR

You think so?

ESTRAGON

I don't know.

VLADIMIR

C'est possible.

POZZO

Au secours!

VLADIMIR

Ce qui est certain, c'est que le temps est long, dans ces conditions, et nous pousse à le meubler d'agissements qui, comment dire, qui peuvent à première vue paraître raisonnables, mais dont nous avons l'habitude. Tu me diras que c'est pour empêcher notre raison de sombrer. C'est une affaire entendue. Mais n'erre-t-elle pas déjà dans la nuit permanente des grands fonds, voilà ce que je me demande parfois. Tu suis mon raisonnement?

ESTRAGON

Nous naissons tous fous. Quelques-uns le demeurent.

POZZO

Au secours, je vous donnerai de l'argent!

ESTRAGON

Combien?

POZZO

Cent francs.

ESTRAGON

Ce n'est pas assez.

VLADIMIR

Je n'irais pas jusque-là.

ESTRAGON

Tu trouves que c'est assez?

VLADIMIR

You may be right.

POZZO

Help!

VLADIMIR

All I know is that the hours are long, under these conditions, and constrain us to beguile them with proceedings which—how shall I say—which may at first sight seem reasonable, until they become a habit. You may say it is to prevent our reason from foundering. No doubt. But has it not long been straying in the night without end of the abyssal depths? That's what I sometimes wonder. You follow my reasoning?

ESTRAGON

[aphoristic for once] We are all born mad. Some remain so.

POZZO

Help! I'll pay you!

ESTRAGON

How much?

POZZO

One hundred francs!

ESTRAGON

It's not enough.

VLADIMIR

I wouldn't go so far as that.

ESTRAGON

You think it's enough?

VLADIMIR

Non, je veux dire jusqu'à affirmer que je n'avais pas toute ma tête en venant au monde. Mais la question n'est pas là.

POZZO

Deux cents.

VLADIMIR

Nous attendons. Nous nous ennuyons. *[Il lève la main.]* Non, ne proteste pas, nous nous ennuyons ferme, c'est incontestable. Bon. Une diversion se présente et que faisons-nous? Nous la laissons pourrir. Allons, au travail. *[Il avance vers Pozzo, s'arrête.]* Dans un instant, tout se dissipera, nous serons à nouveau seuls, au milieu des solitudes. *[Il rêve.]*

POZZO

Deux cents!

VLADIMIR

On arrive.

Il essaie de soulever Pozzo, n'y arrive pas, renouvelle ses efforts, trébuche dans les bagages, tombe, essaie de se relever, n'y arrive pas.

ESTRAGON

Qu'est-ce que vous avez tous?

VLADIMIR

Au secours!

ESTRAGON

Je m'en vais.

VLADIMIR

Ne m'abandonne pas! Ils me tueront!

POZZO

Où suis-je?

VLADIMIR

No, I mean so far as to assert that I was weak in the head when I came into the world. But that is not the question.

POZZO

Two hundred!

VLADIMIR

We wait. We are bored. *[He throws up his hand.]* No, don't protest, we are bored to death, there's no denying it. Good. A diversion comes along and what do we do? We let it go to waste. Come, let's get to work! *[He advances towards the heap, stops in his stride.]* In an instant all will vanish and we'll be alone once more, in the midst of nothingness! *[He broods.]*

POZZO

Two hundred!

VLADIMIR

We're coming!

He tries to pull Pozzo to his feet, fails, tries again, stumbles, falls, tries to get up, fails.

ESTRAGON

What's the matter with you all?

VLADIMIR

Help!

ESTRAGON

I'm going.

VLADIMIR

Don't leave me! They'll kill me!

POZZO

Where am I?

VLADIMIR
Gogo!

POZZO
A moi!

VLADIMIR
Aide-moi!

ESTRAGON
Moi je m'en vais.

VLADIMIR
Aide-moi d'abord. Puis nous partirons ensemble.

ESTRAGON
Tu le promets?

VLADIMIR
Je le jure!

ESTRAGON
Et nous ne reviendrons jamais.

VLADIMIR
Jamais!

ESTRAGON
Nous irons dans l'Ariège.

VLADIMIR
Où tu voudras.

POZZO
Trois cents! Quatre cents!

ESTRAGON
J'ai toujours voulu me balader dans l'Ariège.

VLADIMIR
Gogo!

POZZO
Help!

VLADIMIR
Help!

ESTRAGON
I'm going.

VLADIMIR
Help me up first, then we'll go together.

ESTRAGON
You promise?

VLADIMIR
I swear it!

ESTRAGON
And we'll never come back?

VLADIMIR
Never!

ESTRAGON
We'll go to the Pyrenees.

VLADIMIR
Wherever you like.

ESTRAGON
I've always wanted to wander in the Pyrenees.

VLADIMIR

Tu t'y baladeras.

ESTRAGON

Qui a pété?

VLADIMIR

C'est Pozzo.

POZZO

C'est moi! C'est moi! Pitié!

ESTRAGON

C'est dégoûtant.

VLADIMIR

Vite! Vite! Donne ta main!

ESTRAGON

Je m'en vais. *[Un temps. Plus fort.]* Je m'en vais.

VLADIMIR

Après tout, je finirai bien par me lever tout seul. *[Il essaie de se lever, retombe.]* Tôt ou tard.

ESTRAGON

Qu'est-ce que tu as?

VLADIMIR

Fous le camp.

ESTRAGON

Tu restes là?

VLADIMIR

Pour le moment.

VLADIMIR
You'll wander in them.

ESTRAGON
[recoiling] Who farted?

VLADIMIR
Pozzo.

POZZO
Here! Here! Pity!

ESTRAGON
It's revolting!

VLADIMIR
Quick! Give me your hand!

ESTRAGON
I'm going. [Pause. Louder.] I'm going.

VLADIMIR
Well I suppose in the end I'll get up by myself. [He tries, fails.]
In the fullness of time.

ESTRAGON
What's the matter with you?

VLADIMIR
Go to hell.

ESTRAGON
Are you staying there?

VLADIMIR
For the time being.

ESTRAGON

Lève-toi, voyons, tu vas attraper froid.

VLADIMIR

Ne t'occupe pas de moi.

ESTRAGON

Voyons, Didi, ne sois pas têtu. *[Il tend la main vers Vladimir qui s'empresse de s'en saisir.]* Allez, debout!

VLADIMIR

Tire!

Estragon tire, trébuche, tombe. Long silence.

POZZO

A moi!

VLADIMIR

Nous sommes là.

POZZO

Qui êtes-vous?

VLADIMIR

Nous sommes des hommes.

Silence.

ESTRAGON

Ce qu'on est bien, par terre!

VLADIMIR

Peux-tu te lever?

ESTRAGON

Je ne sais pas.

ESTRAGON

Come on, get up, you'll catch a chill.

VLADIMIR

Don't worry about me.

ESTRAGON

Come on, Didi, don't be pig-headed!

He stretches out his hand which Vladimir makes haste to seize.

VLADIMIR

Pull!

Estragon pulls, stumbles, falls. Long silence.

POZZO

Help!

VLADIMIR

We've arrived.

POZZO

Who are you?

VLADIMIR

We are men.

Silence.

ESTRAGON

Sweet mother earth!

VLADIMIR

Can you get up?

ESTRAGON

I don't know.

VLADIMIR
    Essaie.

ESTRAGON
    Tout à l'heure, tout à l'heure.

Silence.

POZZO
    Qu'est-ce qui s'est passé?

VLADIMIR
    [avec force] Veux-tu te taire, toi, à la fin! Quel choléra, quand
    même! Il ne pense qu'à lui.

ESTRAGON
    Si on essayait de dormir?

VLADIMIR
    Tu l'as entendu? Il veut savoir ce qui s'est passé!

ESTRAGON
    Laisse-le. Dors.

Silence.

POZZO
    Pitié! Pitié!

ESTRAGON
    [sursautant] Quoi? Qu'est-ce qu'il y a?

VLADIMIR
    Tu dormais?

ESTRAGON
    Je crois.

VLADIMIR
Try.

ESTRAGON
Not now, not now.

Silence.

POZZO
What happened?

VLADIMIR
[violently] Will you stop it, you! Pest! He can think of nothing but himself!

ESTRAGON
What about a little snooze?

VLADIMIR
Did you hear him? He wants to know what happened!

ESTRAGON
Don't mind him. Sleep.

Silence.

POZZO
Pity! Pity!

ESTRAGON
[with a start] What is it?

VLADIMIR
Were you asleep?

ESTRAGON
I must have been.

VLADIMIR

C'est encore ce salaud de Pozzo!

ESTRAGON

Dis-lui de la boucler! Casse-lui la gueule!

VLADIMIR

[donnant des coups à Pozzo] As-tu fini? Veux-tu te taire? Vermine!
*[Pozzo se dégage en poussant des cris de douleur et s'éloigne en
rampant. De temps en temps, il s'arrête, scie l'air avec des gestes
d'aveugle, en appelant Lucky. Vladimir, s'appuyant sur le coude, le
suit des yeux.]* Il s'est sauvé! *[Pozzo s'effondre. Silence.]* Il est tombé!

Silence.

ESTRAGON

Qu'est-ce qu'on fait maintenant?

VLADIMIR

Si je pouvais ramper jusqu'à lui.

ESTRAGON

Ne me quitte pas!

VLADIMIR

Si je l'appelais?

ESTRAGON

C'est ça, appelle-le.

VLADIMIR

Pozzo! *[Un temps.]* Pozzo! *[Un temps.]* Il ne répond plus.

ESTRAGON

Ensemble.

VLADIMIR, ESTRAGON

Pozzo! Pozzo!

VLADIMIR

It's this bastard Pozzo at it again.

ESTRAGON

Make him stop it. Kick him in the crotch.

VLADIMIR

[striking Pozzo] Will you stop it! Crablouse! *[Pozzo extricates himself with cries of pain and crawls away. He stops, saws the air blindly, calling for help. Vladimir, propped on his elbow, observes his retreat.]* He's off! *[Pozzo collapses.]* He's down!

ESTRAGON

What do we do now?

VLADIMIR

Perhaps I could crawl to him.

ESTRAGON

Don't leave me!

VLADIMIR

Or I could call to him.

ESTRAGON

Yes, call to him.

VLADIMIR

Pozzo! *[Silence.]* Pozzo! *[Silence.]* No reply.

ESTRAGON

Together.

VLADIMIR *and* ESTRAGON

Pozzo! Pozzo!

VLADIMIR

Il a bougé.

ESTRAGON

Tu es sûr qu'il s'appelle Pozzo?

VLADIMIR

[angoissé] Monsieur Pozzo! Reviens! On ne te fera pas de mal!

Silence.

ESTRAGON

Si on essayait avec d'autres noms?

VLADIMIR

J'ai peur qu'il ne soit sérieusement touché.

ESTRAGON

Ce serait amusant.

VLADIMIR

Qu'est-ce qui serait amusant?

ESTRAGON

D'essayer avec d'autres noms, l'un après l'autre. Ça passerait le temps. On finirait bien par tomber sur le bon.

VLADIMIR

Je te dis qu'il s'appelle Pozzo.

ESTRAGON

C'est ce que nous allons voir. Voyons. *[Il réfléchit.]* Abel! Abel!

POZZO

A moi!

VLADIMIR
  He moved.

ESTRAGON
  Are you sure his name is Pozzo?

VLADIMIR
  [alarmed] Mr. Pozzo! Come back! We won't hurt you!

Silence.

ESTRAGON
  We might try him with other names.

VLADIMIR
  I'm afraid he's dying.

ESTRAGON
  It'd be amusing.

VLADIMIR
  What'd be amusing?

ESTRAGON
  To try him with other names, one after the other. It'd pass the
  time. And we'd be bound to hit on the right one sooner or later.

VLADIMIR
  I tell you his name is Pozzo.

ESTRAGON
  We'll soon see. [He reflects.] Abel! Abel!

POZZO
  Help!

ESTRAGON

Tu vois!

VLADIMIR

Je commence à en avoir assez de ce motif.

ESTRAGON

Peut-être que l'autre s'appelle Caïn. *[Il appelle.]* Caïn! Caïn!

POZZO

A moi!

ESTRAGON

C'est toute l'humanité. *[Silence.]* Regarde-moi ce petit nuage.

VLADIMIR

[levant les yeux] Où?

ESTRAGON

Là, au zénith.

VLADIMIR

Eh bien? *[Un temps.]* Qu'est ce qu'il a de si extraordinaire?

Silence.

ESTRAGON

Passons maintenant à autre chose, veux-tu?

VLADIMIR

J'allais justement te le proposer.

ESTRAGON

Mais à quoi?

VLADIMIR

Ah, voilà!

ESTRAGON

Got it in one!

VLADIMIR

I begin to weary of this motif.

ESTRAGON

Perhaps the other is called Cain. Cain! Cain!

POZZO

Help!

ESTRAGON

He's all humanity. *[Silence.]* Look at the little cloud.

VLADIMIR

[raising his eyes] Where?

ESTRAGON

There. In the zenith.

VLADIMIR

Well? *[Pause.]* What is there so wonderful about it?

Silence.

ESTRAGON

Let's pass on now to something else, do you mind?

VLADIMIR

I was just going to suggest it.

ESTRAGON

But to what?

VLADIMIR

Ah!

Silence.

ESTRAGON

Si on se levait, pour commencer?

VLADIMIR

Essayons toujours.

Ils se lèvent.

ESTRAGON

Pas plus difficile que ça.

VLADIMIR

Vouloir, tout est là.

ESTRAGON

Et maintenant?

POZZO

Au secours!

ESTRAGON

Allons-nous-en.

VLADIMIR

On ne peut pas.

ESTRAGON

Pourquoi?

VLADIMIR

On attend Godot.

ESTRAGON

C'est vrai. *[Un temps.]* Que faire?

Silence.

ESTRAGON
Suppose we got up to begin with?

VLADIMIR
No harm trying.

They get up.

ESTRAGON
Child's play.

VLADIMIR
Simple question of will-power.

ESTRAGON
And now?

POZZO
Help!

ESTRAGON
Let's go.

VLADIMIR
We can't.

ESTRAGON
Why not?

VLADIMIR
We're waiting for Godot.

ESTRAGON
Ah! *[Despairing.]* What'll we do, what'll we do!

POZZO

   Au secours!

VLADIMIR

   Si on le secourait?

ESTRAGON

   Qu'est-ce qu'il faut faire?

VLADIMIR

   Il veut se lever.

ESTRAGON

   Et après?

VLADIMIR

   Il veut qu'on l'aide à se lever.

ESTRAGON

   Eh bien, aidons-le. Qu'est-ce qu'on attend?

Ils aident Pozzo à se lever, s'écartent de lui. Il retombe.

VLADIMIR

   Il faut le soutenir. *[Même jeu. Pozzo reste debout entre les deux, pendu à leur cou.]* Il faut qu'il se réhabitue à la station debout. *[A Pozzo.]* Ça va mieux?

POZZO

   Qui êtes-vous?

VLADIMIR

   Vous ne nous remettez pas?

POZZO

   Je suis aveugle.

Silence.

POZZO

Help!

VLADIMIR

What about helping him?

ESTRAGON

What does he want?

VLADIMIR

He wants to get up.

ESTRAGON

Then why doesn't he?

VLADIMIR

He wants us to help him get up.

ESTRAGON

Then why don't we? What are we waiting for?

They help Pozzo to his feet, let him go. He falls.

VLADIMIR

We must hold him. *[They get him up again. Pozzo sags between them, his arms round their necks.]* Feeling better?

POZZO

Who are you?

VLADIMIR

Do you not recognize us?

POZZO

I am blind.

Silence.

ESTRAGON

    Peut-être qu'il voit clair dans l'avenir?

VLADIMIR

    [à Pozzo] Depuis quand?

POZZO

    J'avais une très bonne vue—mais êtes-vous des amis?

ESTRAGON

    [riant bruyamment] Il demande si nous sommes des amis!

VLADIMIR

    Non, il veut dire des amis à lui.

ESTRAGON

    Et alors?

VLADIMIR

    La preuve, c'est que nous l'avons aidé.

ESTRAGON

    Voilà! Est-ce que nous l'aurions aidé si nous n'étions pas ses amis?

VLADIMIR

    Peut-être.

ESTRAGON

    Evidemment.

VLADIMIR

    N'ergotons pas là-dessus.

POZZO

    Vous n'êtes pas des brigands?

ESTRAGON

    Des brigands! Est-ce qu'on a l'air de brigands?

ESTRAGON
Perhaps he can see into the future.

VLADIMIR
Since when?

POZZO
I used to have wonderful sight—but are you friends?

ESTRAGON
[laughing noisily] He wants to know if we are friends!

VLADIMIR
No, he means friends of his.

ESTRAGON
Well?

VLADIMIR
We've proved we are, by helping him.

ESTRAGON
Exactly. Would we have helped him if we weren't his friends?

VLADIMIR
Possibly.

ESTRAGON
True.

VLADIMIR
Don't let's quibble about that now.

POZZO
You are not highwaymen?

ESTRAGON
Highwaymen! Do we look like highwaymen?

VLADIMIR
Voyons! Il est aveugle.

ESTRAGON
Flûte! C'est vrai. *[Un temps.]* Qu'il dit.

POZZO
Ne me quittez pas.

VLADIMIR
Il n'en est pas question.

ESTRAGON
Pour l'instant.

POZZO
Quelle heure est-il?

ESTRAGON
[inspectant le ciel] Voyons . . .

VLADIMIR
Sept heures ? . . . Huit heures? . . .

ESTRAGON
Ça dépend de la saison.

POZZO
C'est le soir?

Silence. Vladimir et Estragon regardent le couchant.

ESTRAGON
On dirait qu'il remonte.

VLADIMIR
Ce n'est pas possible.

VLADIMIR

Damn it can't you see the man is blind!

ESTRAGON

Damn it so he is. *[Pause.]* So he says.

POZZO

Don't leave me!

VLADIMIR

No question of it.

ESTRAGON

For the moment.

POZZO

What time is it?

VLADIMIR

[inspecting the sky] Seven o'clock . . . eight o'clock . . .

ESTRAGON

That depends what time of year it is.

POZZO

Is it evening?

Silence. Vladimir and Estragon scrutinize the sunset.

ESTRAGON

It's rising.

VLADIMIR

Impossible.

ESTRAGON

Si c'était l'aurore?

VLADIMIR

Ne dis pas de bêtises. C'est l'ouest, par là.

ESTRAGON

Qu'est-ce que tu en sais?

POZZO

[avec angoisse] Sommes-nous au soir?

VLADIMIR

D'ailleurs, il n'a pas bougé.

ESTRAGON

Je te dis qu'il remonte.

POZZO

Pourquoi ne répondez-vous pas?

ESTRAGON

C'est qu'on ne voudrait pas vous dire une connerie.

VLADIMIR

[rassurant] C'est le soir, monsieur, nous sommes arrivés au soir. Mon ami essaie de m'en faire douter et je dois avouer que j'ai été ébranlé pendant un instant. Mais ce n'est pas pour rien que j'ai vécu cette longue journée et je peux vous assurer qu'elle est presque au bout de son répertoire. *[Un temps.]* A part ça, comment vous sentez-vous?

ESTRAGON

Combien de temps va-t-il falloir le charrier encore? *[Ils le lâchent à moitié, le reprennent en voyant qu'il va retomber.]* On n'est pas des cariatides.

ESTRAGON

Perhaps it's the dawn.

VLADIMIR

Don't be a fool. It's the west over there.

ESTRAGON

How do you know?

POZZO

[anguished] Is it evening?

VLADIMIR

Anyway it hasn't moved.

ESTRAGON

I tell you it's rising.

POZZO

Why don't you answer me?

ESTRAGON

Give us a chance.

VLADIMIR

[reassuring] It's evening, Sir, it's evening, night is drawing nigh. My friend here would have me doubt it and I must confess he shook me for a moment. But it is not for nothing I have lived through this long day and I can assure you it is very near the end of its repertory. *[Pause.]* How do you feel now?

ESTRAGON

How much longer are we to cart him around? *[They half release him, catch him again as he falls.]* We are not caryatids!

VLADIMIR
Vous disiez que vous aviez une bonne vue, autrefois, si j'ai bien
entendu?

POZZO
Oui, elle était bien bonne.

Silence.

ESTRAGON
[avec irritation] Développez! Développez!

VLADIMIR
Laisse-le tranquille. Ne vois-tu pas qu'il est en train de se rappeler son bonheur. *[Un temps.] Memoria praeteritorum bonorum*—
ça doit être pénible.

POZZO
Oui, bien bonne.

VLADIMIR
Et cela vous a pris tout d'un coup?

POZZO
Bien bonne.

VLADIMIR
Je vous demande si cela vous a pris tout d'un coup.

POZZO
Un beau jour je me suis réveillé, aveugle comme le destin.
[Un temps.] Je me demande parfois si je ne dors pas encore.

VLADIMIR
Quand ça?

POZZO
Je ne sais pas.

VLADIMIR

You were saying your sight used to be good, if I heard you right.

POZZO

Wonderful! Wonderful, wonderful sight!

Silence.

ESTRAGON

[*irritably*] Expand! Expand!

VLADIMIR

Let him alone. Can't you see he's thinking of the days when he was happy. [*Pause.*] *Memoria praeteritorum bonorum*—that must be unpleasant.

ESTRAGON

We wouldn't know.

VLADIMIR

And it came on you all of a sudden?

POZZO

Quite wonderful!

VLADIMIR

I'm asking you if it came on you all of a sudden.

POZZO

I woke up one fine day as blind as Fortune. [*Pause.*] Sometimes I wonder if I'm not still asleep.

VLADIMIR

And when was that?

POZZO

I don't know.

VLADIMIR

Mais pas plus tard qu'hier . . .

POZZO

Ne me questionnez pas. Les aveugles n'ont pas la notion du temps. *[Un temps.]* Les choses du temps, ils ne les voient pas non plus.

VLADIMIR

Tiens! J'aurais juré le contraire.

ESTRAGON

Je m'en vais.

POZZO

Où sommes-nous?

VLADIMIR

Je ne sais pas.

POZZO

Ne serait-on pas au lieudit la Planche?

VLADIMIR

Je ne connais pas.

POZZO

A quoi est-ce que ça ressemble?

VLADIMIR

[regard circulaire] On ne peut pas le décrire. Ça ne ressemble à rien. Il n'y a rien. Il y a un arbre.

POZZO

Alors ce n'est pas la Planche.

ESTRAGON

[ployant] Tu parles d'une diversion.

VLADIMIR

But no later than yesterday—

POZZO

[violently] Don't question me! The blind have no notion of time.
The things of time are hidden from them too.

VLADIMIR

Well just fancy that! I could have sworn it was just the opposite.

ESTRAGON

I'm going.

POZZO

Where are we?

VLADIMIR

I couldn't tell you.

POZZO

It isn't by any chance the place known as the Board?

VLADIMIR

Never heard of it.

POZZO

What is it like?

VLADIMIR

[looking round] It's indescribable. It's like nothing. There's
nothing. There's a tree.

POZZO

Then it's not the Board.

ESTRAGON

[sagging] Some diversion!

POZZO

Où est mon domestique?

VLADIMIR

Il est là.

POZZO

Pourquoi ne répond-il pas quand je l'appelle?

VLADIMIR

Je ne sais pas. Il semble dormir. Il est peut-être mort.

POZZO

Que s'est-il passé, au juste?

ESTRAGON

Au juste!

VLADIMIR

Vous êtes tombés tous les deux.

POZZO

Allez voir s'il est blessé.

VLADIMIR

Mais on ne peut pas vous quitter.

POZZO

Vous n'avez pas besoin d'y aller tous les deux.

VLADIMIR

[à Estragon] Vas-y, toi.

POZZO

Where is my menial?

VLADIMIR

He's about somewhere.

POZZO

Why doesn't he answer when I call?

VLADIMIR

I don't know. He seems to be sleeping. Perhaps he's dead.

POZZO

What happened exactly?

ESTRAGON

Exactly!

VLADIMIR

The two of you slipped. *[Pause.]* And fell.

POZZO

Go and see is he hurt.

VLADIMIR

We can't leave you.

POZZO

You needn't both go.

VLADIMIR

[to Estragon] You go.

ESTRAGON

After what he did to me? Never!

POZZO

C'est ça, que votre ami y aille. Il sent si mauvais. *[Un temps.]* Qu'est-ce qu'il attend?

VLADIMIR

[à Estragon] Qu'est-ce que tu attends?

ESTRAGON

J'attends Godot.

VLADIMIR

Qu'est-ce qu'il doit faire au juste?

POZZO

Eh bien, qu'il tire d'abord sur la corde, en faisant attention naturellement de ne pas l'étrangler. En général, ça le fait réagir. Sinon, qu'il lui donne des coups de pied, dans le bas-ventre et au visage autant que possible.

VLADIMIR

[à Estragon] Tu vois, tu n'as rien à craindre. C'est même une occasion de te venger.

ESTRAGON

Et s'il se défend?

POZZO

Non non, il ne se défend jamais.

VLADIMIR

Je volerai à ton secours.

ESTRAGON

Ne me quitte pas des yeux! *[Il va vers Lucky.]*

POZZO

    Yes yes, let your friend go, he stinks so. *[Silence.]* What is he waiting for?

VLADIMIR

    What are you waiting for?

ESTRAGON

    I'm waiting for Godot.

Silence.

VLADIMIR

    What exactly should he do?

POZZO

    Well to begin with he should pull on the rope, as hard as he likes so long as he doesn't strangle him. He usually responds to that. If not he should give him a taste of his boot, in the face and the privates as far as possible.

VLADIMIR

    [to Estragon] You see, you've nothing to be afraid of. It's even an opportunity to revenge yourself.

ESTRAGON

    And if he defends himself?

POZZO

    No no, he never defends himself.

VLADIMIR

    I'll come flying to the rescue.

ESTRAGON

    Don't take your eyes off me. *[He goes towards Lucky.]*

VLADIMIR

Regarde s'il est vivant d'abord. Pas la peine de lui taper dessus s'il est mort.

ESTRAGON

[s'étant penché sur Lucky] Il respire.

VLADIMIR

Alors vas-y.

Subitement déchaîné, Estragon bourre Lucky de coups de pied, en hurlant. Mais il se fait mal au pied et s'éloigne en boitant et en gémissant. Lucky reprend ses sens.

ESTRAGON

[s'arrêtant sur une jambe] Oh, la vache!

Estragon s'assied, essaie d'enlever ses chaussures. Mais bientôt il y renoncera, se disposera en chien de fusil, la tête entre les jambes, les bras devant la tête.

POZZO

Que s'est-il passé encore?

VLADIMIR

Mon ami s'est fait mal.

POZZO

Et Lucky?

VLADIMIR

Alors c'est bien lui?

POZZO

Comment?

VLADIMIR

C'est bien Lucky?

VLADIMIR
 Make sure he's alive before you start. No point in exerting
 yourself if he's dead.

ESTRAGON
 [bending over Lucky] He's breathing.

VLADIMIR
 Then let him have it.

*With sudden fury Estragon starts kicking Lucky, hurling abuse at him as
he does so. But he hurts his foot and moves away, limping and groaning.
Lucky stirs.*

ESTRAGON
 Oh the brute!

*He sits down on the mound and tries to take off his boot. But he soon
desists and disposes himself for sleep, his arms on his knees and his head
on his arms.*

POZZO
 What's gone wrong now?

VLADIMIR
 My friend has hurt himself.

POZZO
 And Lucky?

VLADIMIR
 So it is he?

POZZO
 What?

VLADIMIR
 It is Lucky?

327

POZZO

Je ne comprends pas.

VLADIMIR

Et vous, vous êtes Pozzo?

POZZO

Certainement, je suis Pozzo.

VLADIMIR

Les mêmes qu'hier?

POZZO

Qu'hier?

VLADIMIR

On s'est vus hier. *[Silence.]* Vous ne vous rappelez pas?

POZZO

Je ne me rappelle avoir rencontré personne hier. Mais demain je ne me rappellerai avoir rencontré personne aujourd'hui. Ne comptez donc pas sur moi pour vous renseigner. Et puis assez là-dessus. Debout!

VLADIMIR

Vous l'emmeniez à Saint-Sauveur pour le vendre. Vous nous avez parlé. Il a dansé. Il a pensé. Vous voyiez clair.

POZZO

Si vous y tenez. Lâchez-moi, s'il vous plaît. *[Vladimir s'écarte.]* Debout!

VLADIMIR

Il se lève.

POZZO

I don't understand.

VLADIMIR

And you are Pozzo?

POZZO

Certainly I am Pozzo.

VLADIMIR

The same as yesterday?

POZZO

Yesterday?

VLADIMIR

We met yesterday. *[Silence.]* Do you not remember?

POZZO

I don't remember having met anyone yesterday. But tomorrow I won't remember having met anyone today. So don't count on me to enlighten you.

VLADIMIR

But—

POZZO

Enough! Up pig!

VLADIMIR

You were bringing him to the fair to sell him. You spoke to us. He danced. He thought. You had your sight.

POZZO

As you please. Let me go! *[Vladimir moves away.]* Up!

Lucky se lève, ramasse les bagages.

POZZO
   Il fait bien.

VLADIMIR
   Où allez-vous de ce pas?

POZZO
   Je ne m'occupe pas de ça.

VLADIMIR
   Comme vous avez changé!

Lucky, chargé des bagages, vient se placer devant Pozzo.

POZZO
   Fouet! *[Lucky dépose les bagages, cherche le fouet, le trouve, le donne à Pozzo, reprend les bagages.]* Corde! *[Lucky dépose les bagages, met le bout de la corde dans la main de Pozzo, reprend les bagages.]*

VLADIMIR
   Qu'est-ce qu'il y a dans la valise?

POZZO
   Du sable. *[Il tire sur la corde.]* En avant! *[Lucky s'ébranle, Pozzo le suit.]*

VLADIMIR
   Ne partez pas encore.

POZZO
   [s'arrêtant] Je pars.

VLADIMIR
   Que faites-vous quand vous tombez loin de tout secours?

Lucky gets up, gathers up his burdens.

VLADIMIR

Where do you go from here?

POZZO

On. *[Lucky, laden down, takes his place before Pozzo.]* Whip!
*[Lucky puts everything down, looks for whip, finds it, puts it into
Pozzo's hand, takes up everything again.]* Rope!

*Lucky puts everything down, puts end of rope into Pozzo's hand, takes up
everything again.*

VLADIMIR

What is there in the bag?

POZZO

Sand. *[He jerks the rope.]* On!

VLADIMIR

Don't go yet.

POZZO

I'm going.

VLADIMIR

What do you do when you fall far from help?

POZZO

Nous attendons de pouvoir nous relever. Puis nous repartons.

VLADIMIR

Avant de partir, dites-lui de chanter.

POZZO

A qui?

VLADIMIR

A Lucky.

POZZO

De chanter?

VLADIMIR

Oui. Ou de penser. Ou de réciter.

POZZO

Mais il est muet.

VLADIMIR

Muet!

POZZO

Parfaitement. Il ne peut même pas gémir.

VLADIMIR

Muet! Depuis quand?

POZZO

[soudain furieux] Vous n'avez pas fini de m'empoisonner avec vos histoires de temps? C'est insensé! Quand! Quand! Un jour, ça ne vous suffit pas, un jour pareil aux autres il est devenu muet, un jour je suis devenu aveugle, un jour nous deviendrons sourds, un jour nous sommes nés, un jour nous mourrons, le même jour, le même instant, ça ne vous suffit pas? *[Plus posément.]* Elles accouchent à cheval sur une tombe, le jour brille un instant, puis c'est la nuit à nouveau. *[Il tire sur la corde.]* En avant!

POZZO

We wait till we can get up. Then we go on. On!

VLADIMIR

Before you go tell him to sing.

POZZO

Who?

VLADIMIR

Lucky.

POZZO

To sing?

VLADIMIR

Yes. Or to think. Or to recite.

POZZO

But he is dumb.

VLADIMIR

Dumb!

POZZO

Dumb. He can't even groan.

VLADIMIR

Dumb! Since when?

POZZO

[suddenly furious] Have you not done tormenting me with your accursed time! It's abominable! When! When! One day, is that not enough for you, one day he went dumb, one day I went blind, one day we'll go deaf, one day we were born, one day we shall die, the same day, the same second, is that not enough for you? [Calmer.] They give birth astride of a grave, the light gleams an instant, then it's night once more. [He jerks the rope.] On!

333

Ils sortent. Vladimir les suit jusqu'à la limite de la scène, les regarde s'éloigner. Un bruit de chute, appuyé par la mimique de Vladimir, annonce qu'ils sont tombés à nouveau. Silence. Vladimir va vers Estragon qui dort, le contemple un moment, puis le réveille.

ESTRAGON
> *[gestes affolés, paroles incohérentes. Finalement.]* Pourquoi tu ne me laisses jamais dormir?

VLADIMIR
> Je me sentais seul.

ESTRAGON
> Je rêvais que j'étais heureux.

VLADIMIR
> Ça a fait passer le temps.

ESTRAGON
> Je rêvais que . . .

VLADIMIR
> Tais-toi! *[Silence.]* Je me demande s'il est vraiment aveugle.

ESTRAGON
> Qui?

VLADIMIR
> Un vrai aveugle dirait-il qu'il n'a pas la notion du temps?

ESTRAGON
> Qui?

VLADIMIR
> Pozzo.

ESTRAGON
> Il est aveugle?

Exeunt Pozzo and Lucky. Vladimir follows them to the edge of the stage, looks after them. The noise of falling, reinforced by mimic of Vladimir, announces that they are down again. Silence. Vladimir goes towards Estragon, contemplates him a moment, then shakes him awake.

ESTRAGON
[*wild gestures, incoherent words. Finally.*] Why will you never let me sleep?

VLADIMIR
I felt lonely.

ESTRAGON
I was dreaming I was happy.

VLADIMIR
That passed the time.

ESTRAGON
I was dreaming that—

VLADIMIR
[*violently*] Don't tell me! [*Silence.*] I wonder is he really blind.

ESTRAGON
Blind? Who?

VLADIMIR
Pozzo.

ESTRAGON
Blind?

VLADIMIR

Il nous l'a dit.

ESTRAGON

Et alors?

VLADIMIR

Il m'a semblé qu'il nous voyait.

ESTRAGON

Tu l'as rêvé. *[Un temps.]* Allons-nous-en. On ne peut pas. C'est vrai. *[Un temps.]* Tu es sûr que ce n'était pas lui?

VLADIMIR

Qui?

ESTRAGON

Godot?

VLADIMIR

Mais qui?

ESTRAGON

Pozzo.

VLADIMIR

Mais non! Mais non! *[Un temps.]* Mais non.

ESTRAGON

Je vais quand même me lever. *[Se lève péniblement.]* Aïe!

VLADIMIR

Je ne sais plus quoi penser.

ESTRAGON

Mes pieds! *[Il se rassied, essaie de se déchaussser.]* Aide-moi!

VLADIMIR
   He told us he was blind.

ESTRAGON
   Well what about it?

VLADIMIR
   It seemed to me he saw us.

ESTRAGON
   You dreamt it. *[Pause.]* Let's go. We can't. Ah! *[Pause.]* Are you sure it wasn't him?

VLADIMIR
   Who?

ESTRAGON
   Godot.

VLADIMIR
   But who?

ESTRAGON
   Pozzo.

VLADIMIR
   Not at all! *[Less sure.]* Not at all! *[Still less sure.]* Not at all!

ESTRAGON
   I suppose I might as well get up. *[He gets up painfully.]* Ow! Didi!

VLADIMIR
   I don't know what to think any more.

ESTRAGON
   My feet! *[He sits down again and tries to take off his boots.]* Help me!

VLADIMIR

Est-ce que j'ai dormi, pendant que les autres souffraient? Est-ce que je dors en ce moment? Demain, quand je croirai me réveiller, que dirai-je de cette journée? Qu'avec Estragon mon ami, à cet endroit, jusqu'à la tombée de la nuit, j'ai attendu Godot? Que Pozzo est passé, avec son porteur, et qu'il nous a parlé? Sans doute. Mais dans tout cela qu'y aura-t-il de vrai? *[Estragon, s'étant acharné en vain sur ses chaussures, s'est assoupi à nouveau. Vladimir le regarde.]* Lui ne saura rien. Il parlera des coups qu'il a reçus et je lui donnerai une carotte. *[Un temps.]* A cheval sur une tombe et une naissance difficile. Du fond du trou, rêveusement, le fossoyeur applique ses fers. On a le temps de vieillir. L'air est plein de nos cris. *[Il écoute.]* Mais l'habitude est une grande sourdine. *[Il regarde Estragon.]* Moi aussi, un autre me regarde, en se disant, Il dort, il ne sait pas, qu'il dorme. *[Un temps.]* Je ne peux pas continuer. *[Un temps.]* Qu'est-ce que j'ai dit?

Il va et vient avec agitation, s'arrête finalement près de la coulisse gauche, regarde au loin. Entre à droite le garçon de la veille. Il s'arrête.

Silence.

GARÇON

Monsieur . . . *[Vladimir se retourne.]* Monsieur Albert . . .

VLADIMIR

Reprenons. *[Un temps. Au garçon.]* Tu ne me reconnais pas?

GARÇON

Non monsieur.

VLADIMIR

C'est toi qui es venu hier?

GARÇON

Non monsieur.

VLADIMIR

Was I sleeping, while the others suffered? Am I sleeping now?
Tomorrow, when I wake, or think I do, what shall I say of today?
That with Estragon my friend, at this place, until the fall of
night, I waited for Godot? That Pozzo passed, with his carrier,
and that he spoke to us? Probably. But in all that what truth
will there be? *[Estragon, having struggled with his boots in vain,
is dozing off again. Vladimir looks at him.]* He'll know nothing.
He'll tell me about the blows he received and I'll give him a
carrot. *[Pause.]* Astride of a grave and a difficult birth. Down in
the hole, lingeringly, the grave digger puts on the forceps. We
have time to grow old. The air is full of our cries. *[He listens.]*
But habit is a great deadener. *[He looks again at Estragon.]* At
me too someone is looking, of me too someone is saying, He is
sleeping, he knows nothing, let him sleep on. *[Pause.]* I can't go
on! *[Pause.]* What have I said?

*He goes feverishly to and fro, halts finally at extreme left, broods. Enter
Boy right. He halts. Silence.*

BOY

Mister . . . *[Vladimir turns.]* Mister Albert . . .

VLADIMIR

Off we go again. *[Pause.]* Do you not recognize me?

BOY

No Sir.

VLADIMIR

It wasn't you came yesterday.

BOY

No Sir.

VLADIMIR

C'est la première fois que tu viens?

GARÇON

Oui, monsieur.

Silence.

VLADIMIR

C'est de la part de monsieur Godot?

GARÇON

Oui, monsieur.

VLADIMIR

Il ne viendra pas ce soir.

GARÇON

Non, monsieur.

VLADIMIR

Mais il viendra demain.

GARÇON

Oui, monsieur.

VLADIMIR

Sûrement.

GARÇON

Oui, monsieur.

Silence.

VLADIMIR

Est-ce que tu as rencontré quelqu'un?

VLADIMIR

This is your first time.

BOY

Yes Sir.

Silence.

VLADIMIR

You have a message from Mr. Godot.

BOY

Yes Sir.

VLADIMIR

He won't come this evening.

BOY

No Sir.

VLADIMIR

But he'll come tomorrow.

BOY

Yes Sir.

VLADIMIR

Without fail.

BOY

Yes Sir.

Silence.

VLADIMIR

Did you meet anyone?

GARÇON

Non monsieur.

VLADIMIR

Deux autres *[il hésite]* . . . hommes.

GARÇON

Je n'ai vu personne, monsieur.

Silence.

VLADIMIR

Qu'est-ce qu'il fait, monsieur Godot? *[Un temps.]* Tu entends?

GARÇON

Oui monsieur.

VLADIMIR

Et alors?

GARÇON

Il ne fait rien, monsieur.

Silence.

VLADIMIR

Comment va ton frère?

GARÇON

Il est malade, monsieur.

VLADIMIR

C'est peut-être lui qui est venu hier.

GARÇON

Je ne sais pas, monsieur.

Silence.

BOY

No Sir.

VLADIMIR

Two other . . . *[he hesitates]* . . . men?

BOY

I didn't see anyone, Sir.

Silence.

VLADIMIR

What does he do, Mr. Godot? *[Silence.]* Do you hear me?

BOY

Yes Sir.

VLADIMIR

Well?

BOY

He does nothing, Sir.

Silence.

VLADIMIR

How is your brother?

BOY

He's sick, Sir.

VLADIMIR

Perhaps it was he came yesterday.

BOY

I don't know, Sir.

Silence.

VLADIMIR

Il a une barbe, monsieur Godot?

GARÇON

Oui monsieur.

VLADIMIR

Blonde ou . . . *[il hésite]* . . . ou noire?

GARÇON

[hésitant] Je crois qu'elle est blanche, monsieur.

Silence.

VLADIMIR

Miséricorde.

Silence.

GARÇON

Qu'est-ce que je dois dire à monsieur Godot, monsieur?

VLADIMIR

Tu lui diras—*[il s'interrompt]*—tu lui diras que tu m'as vu et que
—*[il réfléchit]*—que tu m'as vu. *[Un temps. Vladimir s'avance, le
garçon recule, Vladimir s'arrête, le garçon s'arrête.]* Dis, tu es bien
sûr de m'avoir vu, tu ne vas pas me dire demain que tu ne m'as
jamais vu?

*Silence. Vladimir fait un soudain bond en avant, le garçon se sauve
comme une flèche. Silence. Le soleil se couche, la lune se lève. Vladimir
reste immobile. Estragon se réveille, se déchausse, se lève, les chaussures
à la main, les dépose devant la rampe, va vers Vladimir, le regarde.*

ESTRAGON

Qu'est-ce que tu as?

VLADIMIR

    [softly] Has he a beard, Mr. Godot?

BOY

    Yes Sir.

VLADIMIR

    Fair or . . . *[he hesitates]* . . . or black?

BOY

    I think it's white, Sir.

Silence.

VLADIMIR

    Christ have mercy on us!

Silence.

BOY

    What am I to tell Mr. Godot, Sir?

VLADIMIR

    Tell him . . . *[he hesitates]* . . . tell him you saw me and that . . .
    [he hesitates] . . . that you saw me. *[Pause. Vladimir advances, the
    Boy recoils. Vladimir halts, the Boy halts. With sudden violence.]*
    You're sure you saw me, you won't come and tell me tomorrow
    that you never saw me!

*Silence. Vladimir makes a sudden spring forward, the Boy avoids him
and exit running. Silence. The sun sets, the moon rises. As in Act 1.
Vladimir stands motionless and bowed. Estragon wakes, takes off his
boots, gets up with one in each hand and goes and puts them down
center front, then goes towards Vladimir.*

ESTRAGON

    What's wrong with you?

VLADIMIR
Je n'ai rien.

ESTRAGON
Moi je m'en vais.

VLADIMIR
Moi aussi.

Silence.

ESTRAGON
Il y avait longtemps que je dormais?

VLADIMIR
Je ne sais pas.

Silence.

ESTRAGON
Où irons-nous?

VLADIMIR
Pas loin.

ESTRAGON
Si si, allons-nous-en loin d'ici!

VLADIMIR
On ne peut pas.

ESTRAGON
Pourquoi?

VLADIMIR
Il faut revenir demain.

VLADIMIR
Nothing.

ESTRAGON
I'm going.

VLADIMIR
So am I.

ESTRAGON
Was I long asleep?

VLADIMIR
I don't know.

Silence.

ESTRAGON
Where shall we go?

VLADIMIR
Not far.

ESTRAGON
Oh yes, let's go far away from here.

VLADIMIR
We can't.

ESTRAGON
Why not?

VLADIMIR
We have to come back tomorrow.

ESTRAGON

    Pour quoi faire?

VLADIMIR

    Attendre Godot.

ESTRAGON

    C'est vrai. *[Un temps.]* Il n'est pas venu?

VLADIMIR

    Non.

ESTRAGON

    Et maintenant il est trop tard.

VLADIMIR

    Oui, c'est la nuit.

ESTRAGON

    Et si on le laissait tomber? *[Un temps.]* Si on le laissait tomber?

VLADIMIR

    Il nous punirait. *[Silence. Il regarde l'arbre.]* Seul l'arbre vit.

ESTRAGON

    [regardant l'arbre] Qu'est-ce que c'est?

VLADIMIR

    C'est l'arbre.

ESTRAGON

    Non, mais quel genre?

VLADIMIR

    Je ne sais pas. Un saule.

ESTRAGON

What for?

VLADIMIR

To wait for Godot.

ESTRAGON

Ah! *[Silence.]* He didn't come?

VLADIMIR

No.

ESTRAGON

And now it's too late.

VLADIMIR

Yes, now it's night.

ESTRAGON

And if we dropped him? *[Pause.]* If we dropped him?

VLADIMIR

He'd punish us. *[Silence. He looks at the tree.]* Everything's dead
but the tree.

ESTRAGON

[looking at the tree] What is it?

VLADIMIR

It's the tree.

ESTRAGON

Yes, but what kind?

VLADIMIR

I don't know. A willow.

ESTRAGON

Viens voir. *[Il entraîne Vladimir vers l'arbre. Ils s'immobilisent devant. Silence.]* Et si on se pendait?

VLADIMIR

Avec quoi?

ESTRAGON

Tu n'as pas un bout de corde?

VLADIMIR

Non.

ESTRAGON

Alors on ne peut pas.

VLADIMIR

Allons-nous-en.

ESTRAGON

Attends, il y a ma ceinture.

VLADIMIR

C'est trop court.

ESTRAGON

Tu tireras sur mes jambes.

VLADIMIR

Et qui tirera sur les miennes?

ESTRAGON

C'est vrai.

Estragon draws Vladimir towards the tree. They stand motionless before it. Silence.

ESTRAGON
    Why don't we hang ourselves?

VLADIMIR
    With what?

ESTRAGON
    You haven't got a bit of rope?

VLADIMIR
    No.

ESTRAGON
    Then we can't.

Silence.

VLADIMIR
    Let's go.

ESTRAGON
    Wait, there's my belt.

VLADIMIR
    It's too short.

ESTRAGON
    You could hang onto my legs.

VLADIMIR
    And who'd hang on to mine?

ESTRAGON
    True.

VLADIMIR

Fais voir quand même. *[Estragon dénoue la corde qui maintient son pantalon. Celui-ci, beaucoup trop large, lui tombe autour des chevilles. Ils regardent la corde.]* A la rigueur ça pourrait aller. Mais est-elle solide?

ESTRAGON

On va voir. Tiens.

Ils prennent chacun un bout de la corde et tirent. La corde se casse. Ils manquent de tomber.

VLADIMIR

Elle ne vaut rien.

Silence.

ESTRAGON

Tu dis qu'il faut revenir demain?

VLADIMIR

Oui.

ESTRAGON

Alors on apportera une bonne corde.

VLADIMIR

C'est ça.

Silence.

ESTRAGON

Didi.

VLADIMIR

Oui.

VLADIMIR
Show all the same. *[Estragon loosens the cord that holds up his trousers which, much too big for him, fall about his ankles. They look at the cord.]* It might do at a pinch. But is it strong enough?

ESTRAGON
We'll soon see. Here.

They each take an end of the cord and pull. It breaks. They almost fall.

VLADIMIR
Not worth a curse.

Silence.

ESTRAGON
You say we have to come back tomorrow?

VLADIMIR
Yes.

ESTRAGON
Then we can bring a good bit of rope.

VLADIMIR
Yes.

Silence.

ESTRAGON
Didi?

VLADIMIR
Yes.

ESTRAGON

　　Je ne peux plus continuer comme ça.

VLADIMIR

　　On dit ça.

ESTRAGON

　　Si on se quittait? Ça irait peut-être mieux.

VLADIMIR

　　On se pendra demain. *[Un temps.]* A moins que Godot ne vienne.

ESTRAGON

　　Et s'il vient?

VLADIMIR

　　Nous serons sauvés.

Vladimir enlève son chapeau—celui de Lucky—regarde dedans, y passe la main, le secoue, le remet.

ESTRAGON

　　Alors, on y va?

VLADIMIR

　　Relève ton pantalon.

ESTRAGON

　　Comment?

VLADIMIR

　　Relève ton pantalon.

ESTRAGON

　　Que j'enlève mon pantalon?

VLADIMIR

　　RE-lève ton pantalon.

ESTRAGON

    I can't go on like this.

VLADIMIR

    That's what you think.

ESTRAGON

    If we parted? That might be better for us.

VLADIMIR

    We'll hang ourselves tomorrow. *[Pause.]* Unless Godot comes.

ESTRAGON

    And if he comes?

VLADIMIR

    We'll be saved.

Vladimir takes off his hat (Lucky's), peers inside it, feels about inside it, shakes it, knocks on the crown, puts it on again.

ESTRAGON

    Well? Shall we go?

VLADIMIR

    Pull on your trousers.

ESTRAGON

    What?

VLADIMIR

    Pull on your trousers.

ESTRAGON

    You want me to pull off my trousers?

VLADIMIR

    Pull ON your trousers.

ESTRAGON

C'est vrai.

Il relève son pantalon. Silence.

VLADIMIR

Alors, on y va?

ESTRAGON

Allons-y.

Ils ne bougent pas.

Rideau

ESTRAGON

    [realizing his trousers are down] True. *[He pulls up his trousers.]*

VLADIMIR

    Well? Shall we go?

ESTRAGON

    Yes, let's go.

They do not move.

Curtain